Schülerfirma
Arbeitsheft

Herausgeber
Hans Kaminski

Autoren
Hans Kaminski
Rudolf Schröder

westermann

Bildquellenverzeichnis
lAudi AG/Media Services, Ingolstadt: 40 2. lCaro Fotoagentur, Berlin: R. Oberhaeuser 14 2. lCoca-Cola GmbH, Berlin: 9 4. lDägling, Andreas, Wardenburg: 3 1, 3 1, 3 1, 3 1, 4, 8 1, 12 1, 13 1, 21 1, 22 1, 28 1, 30, 34 1, 36 1, 38 1, 41, 42 1, 44 1, 48. lDr. August Oetker KG, Bielefeld: 9 2. lEyferth, Konrad, Berlin: 9 3, 32 1. lfotolia.com, New York: Titel Mi.re.; Berg, Martina 20; Franz Pfluegl 25 1; Teamarbeit Titel u.li.; ZUMQUADRAT - 40 1; © pixelkorn 10 1. lIGS List, Hannover: Titel u.re. lInstitut für Ökonomische Bildung, Oldenburg: 17 1. liStockphoto.com, Calgary: alxpin / 47 1; damircudic/ 16 1; Mansi, René 7 1; subjug/ 39 1; urbancow 18 1; © Alex Slododkin 10 2; © ilbusca 24 1; © Miodrag Gajuc 5 1. lMicrosoft Deutschland GmbH, München: 29 1, 29 1, 45 1, 45 2, 46 1, 46 2. lPicture-Alliance GmbH, Frankfurt/M.: 40 3; ZB Titel re.o. lStills-Online Bildagentur, Schwerin: anac 11 1. lVolkswagen AG, Wolfsburg: 9 1. lWWF Deutschland, Berlin: 9 6.

Wir danken den Schülerfirmen der KGS Rastede für ihre freundliche Unterstützung.

westermann GRUPPE

© 2011 Bildungshaus Schulbuchverlage Westermann Schroedel Diesterweg Schöningh Winklers GmbH, Georg-Westermann-Allee 66, 38104 Braunschweig
www.westermann.de

Das Werk und seine Teile sind urheberrechtlich geschützt. Jede Nutzung in anderen als den gesetzlich zugelassenen bzw. vertraglich zugestandenen Fällen bedarf der vorherigen schriftlichen Einwilligung des Verlages. Nähere Informationen zur vertraglich gestatteten Anzahl von Kopien finden Sie auf www.schulbuchkopie.de.

Für Verweise (Links) auf Internet-Adressen gilt folgender Haftungshinweis: Trotz sorgfältiger inhaltlicher Kontrolle wird die Haftung für die Inhalte der externen Seiten ausgeschlossen. Für den Inhalt dieser externen Seiten sind ausschließlich deren Betreiber verantwortlich. Sollten Sie daher auf kostenpflichtige, illegale oder anstößige Inhalte treffen, so bedauern wir dies ausdrücklich und bitten Sie, uns umgehend per E-Mail davon in Kenntnis zu setzen, damit beim Nachdruck der Verweis gelöscht wird.

Druck A[5] / Jahr 2022
Alle Drucke der Serie A sind im Unterricht parallel verwendbar.

Redaktion: Sylvia Bock
Herstellung: Andreas Losse
Umschlaggestaltung: Schreiber VIS, Joachim Schreiber, Seeheim
Innenkonzept: Denis Steinwachs, Braunschweig
Satz: AndersARTig Werbung & Verlag GmbH, Braunschweig
Druck und Bindung: Westermann Druck GmbH, Georg-Westermann-Allee 66, 38104 Braunschweig

ISBN 978-3-14-**116190**-8

Symbole

B Texte, die alltägliche Situationen beispielhaft darstellen.
Q Quellentexte, die bereits woanders veröffentlicht wurden.

Schülerinnen mit eigenen Produkten

Was ist eine Schülerfirma?
In einer Schülerfirma werden in Anlehnung an reale Unternehmen Produkte oder Dienstleistungen geplant, hergestellt und gegen Geld verkauft. Eine Schülerfirma ist eine gute Möglichkeit zu erfahren, welche grundsätzlichen Aufgaben ein Unternehmen zu bewältigen hat und welche Bedeutung Arbeit und Beruf zukommt.

Dabei könnt ihr euch zum Beispiel mit folgenden Fragen auseinandersetzen:
- Welche Ziele streben Unternehmen an?
- Wie wird ein Unternehmen organisiert?
- Welche immer wiederkehrenden Aufgaben treten in einem Unternehmen auf?
- Wie wirbt man für seine Produkte bzw. seine Dienstleistungen?
- Wie analysiert man einen Markt und erhält Informationen über Konsumenten und Konkurrenten?
- Wie plant man die Zukunft eines Unternehmens?

Eine Schülerfirma ist also ein sehr gutes Trainingsfeld, um ökonomische Kenntnisse zu erwerben, Wissen zu erwerben und anzuwenden, Arbeitstechniken und Verhaltensweisen einzuüben. Das alles dient der Vorbereitung auf die spätere Berufstätigkeit oder auch, wenn man unabhängig von einem Arbeitgeber sein möchte, der Vorbereitung auf eine zukünftige Selbstständigkeit.

In einer Schülerfirma könnt ihr selbst als Gründer, Miteigentümer, Mitarbeiter und/oder Geschäftsführer aktiv werden. So habt ihr die Möglichkeit, direkt die ökonomischen Folgen eures Handelns zu erfahren!

Da in einer Schülerfirma die Produkte und Dienstleistungen in der Regel nicht nur vermarktet, sondern auch hergestellt werden, könnt ihr in verschiedenen Unternehmensbereichen arbeiten. Zugleich könnt ihr erste Erfahrungen dahingehend sammeln, welche Berufe für euch mehr oder weniger interessant sind.

Weil Schülerfirmen mit echtem Geld arbeiten, sollten die Gründung und der Betrieb gut organisiert sein. Dieses Arbeitsheft hilft euch dabei! Ihr findet Unterlagen zur Unternehmensgründung, zur Organisation der Arbeit in der Schülerfirma sowie zur Gestaltung der Buchhaltung. In der eigenen Schülerfirma werden sicherlich noch weitere Materialien entwickelt werden, die direkt aus der Arbeit entstehen.

Die Autoren wünschen euch viel Spaß und Erfolg!

Wir gründen unsere Schülerfirma

Die Gründung einer Schülerfirma ist komplizierter, als man denkt. Am Anfang steht die Entwicklung einer interessanten und vor allem tragfähigen **Geschäftsidee**.

Anschließend müsst ihr den Firmen- und Produktnamen festlegen. Die Entwicklung eines Logos ist auch die Vorarbeit für das Layout der Geschäftsbriefe. Außerdem sind wichtige rechtliche und organisatorische Fragen zu klären, insbesondere muss eine Rechtsform gewählt und die Unternehmensleitung festgelegt werden. Kapitalgeber wollen von der Geschäftsidee überzeugt werden und verlangen einen detaillierten Finanzplan. Potenzielle Kunden müssen frühzeitig geworben werden.
All diese Aspekte fasst man im sogenannten **Businessplan** zusammen, der potenziellen Kapitalgebern präsentiert wird. Die nachfolgenden Seiten führen euch durch die Schritte der Unternehmensgründung.

„Werden Sie Unternehmer! Gründen Sie Ihre eigene Firma! Stellen Sie sich beruflich auf die eigenen Füße! Werden Sie Ihr eigener Herr!" – So oder ähnlich wird für den Schritt zur Gründung einer eigenen beruflichen Existenz geworben. Tatsächlich bietet die Gründung eines eigenen Unternehmens enorme berufliche Chancen – allerdings birgt sie auch nicht unerhebliche wirtschaftliche Risiken.

Ziel ...

... ist es, euch einen Einblick in die Gedankenwelt eines Unternehmensgründers zu geben. Trefft eure eigenen Entscheidungen. Überlegt, womit und wie ihr als Unternehmer/in am Markt erfolgreich sein könnt. Gründet euer Unternehmen als Team. Sucht euch drei bis fünf Partner, mit deren Unterstützung ihr in den nächsten Wochen ein Unternehmenskonzept erarbeiten und präsentieren wollt.

Das Schülerfirmenkonzept, das in eurer Klasse oder eurem Wahlkurs die meiste Zustimmung findet, wird später realisiert.

1. Wer sind die Mitglieder eures Unternehmerteams?
Notiert Namen, Telefonnummern und E-Mail-Adressen.

Beispiele für Ideen, die mithilfe einer Schülerfirma realisiert werden können.

Überlegt euch eine gute Geschäftsidee

Ihr könnt beispielsweise etwas produzieren, auf das die Welt schon immer gewartet hat. Oder ihr überlegt euch eine schlaue Dienstleistung, mit der ihr vielen möglichen Kunden helfen könnt. Formuliert eure Geschäftsidee kurz und bündig – sie stellt die Grundlage für alle Überlegungen in den nächsten Wochen dar.

Denkt daran, dass die Geschäftsidee nicht nur eurer Arbeitsgruppe, sondern auch anderen Schülerinnen und Schülern Spaß machen sollte. Zahlreiche Schulen betreiben mehrere Schülerfirmen mit unterschiedlichen Geschäftskonzepten.

So hat die Schülerfirma „Klaus Störtebecker" an der Hauptschule Verden mehrere Tochterfirmen:

- ByteArt: Herstellung von Steckspielen, Schlüsselanhängern u. a. m. mit CNC-Fräsmaschinen
- CottonArt: Verarbeitung von Textilien aller Art
- HerbArt: Verkauf von Gartenkräutern, Marmelade und weiteren Geschenken rund um den Garten
- PaperArt: Herstellung von Briefkarten, Mappen, Aufbewahrungboxen u. a. m. aus selbst gestaltetem Papier
- WoodArt: Herstellung individuell gestalteter Gebrauchs- und Ziergegenstände

Der „ShEvAGO" – *Shop und Event am Alten Gymnasium Oldenburg* hat zwei Schwerpunkte:

- Eventmanagement, z. B. Ausrichtung von Flohmärkten
- Schulladen für Schreibwaren

Die Schülerfirma „einzigArt" an der Helene-Lange-Schule in Oldenburg erstellt Werbematerialien im Kundenauftrag. Kunden sind z. B. regionale Unternehmen, aber auch die eigene Schule.

Im Internet werden zahlreiche weitere Schülerfirmen vorgestellt, zum Beispiel unter:

- www.schuelerfirmen.de
- www.junior-programme.de

Wenn ihr im Internet recherchiert, findet ihr auch Informationen über Schülerfirmenmessen oder Schülerfirmen-Wettbewerbe.

1. Informiert euch (z. B. im Internet) über bereits existierende Schülerfirmen.
Notiert die Konzepte, die ihr besonders interessant findet.

Wie eure Recherchen sicherlich ergeben haben, können die Geschäftsmodelle sehr unterschiedlich ausgerichtet sein.
Schülerfirmen können
- Produkte herstellen, z. B. in einer Holzwerkstatt,
- Dienstleistungen anbieten, z. B. die Erstellung von Werbematerialien,
- mit Produkten handeln, z. B. im Schulkiosk.

Diese Schwerpunkte lassen sich häufig auch miteinander verbinden.

Die Geschäftsidee kann sich auch an einem realen Unternehmen orientieren. Regionale Unternehmen sind oftmals gerne bereit, die Schülerfirma als Patenfirma (vgl. S. 14 und 15) zu unterstützen, z. B. durch die Überlassung ausrangierter Geräte.

Schülerfirmen können sehr unterschiedliche Kunden ansprechen:
- andere Schülerinnen und Schüler der Schule,
- Eltern,
- die Schule (Schulleitung, Lehrkräfte),
- Unternehmen und Personen außerhalb der Schule.

Meist kommen die Kunden aus der Schule oder dem näheren Umfeld. Es ist aber auch nicht ungewöhnlich, dass Schülerfirmen auf Wochenmärkten einen Stand betreiben oder ihre Kunden z. B. mittels Zeitungsanzeigen suchen.

1. Wie lautet eure Geschäftsidee? – Formuliert.

2 Firmenname und Firmenlogo

Der passende Name für eure Schülerfirma

Der Name eurer Schülerfirma sollte immer deutlich zeigen, dass es sich um eine Schülerfirma handelt und nicht um eine echte Firma. Weiterhin sollte der Name nicht von einem realen Unternehmen genutzt werden. Das könnt ihr z. B. durch eine Internetrecherche prüfen.

Orientiert euch bei der Namensgebung an den folgenden Hinweisen:

- Der Name sollte kurz und unkompliziert sein.
- Der Bezug des Firmennamens zu eurer Geschäftsidee sollte deutlich werden.
- Der Name sollte sich leicht merken lassen.

Berücksichtigt ihr diese Punkte, kann der Name so schon Werbung für die Firma sein.

1. Wie lautet der Name eurer Firma? Begründet die Entscheidung.

Aus dem Namen wird ein Logo ...

Lässt sich aus eurem Firmenamen ein gutes Schriftlogo entwickeln? Oder wählt ihr ein Bildlogo?

Logos können entsprechend ihrer Gestaltung unterteilt werden, wie die nachfolgende Grafik zeigt.

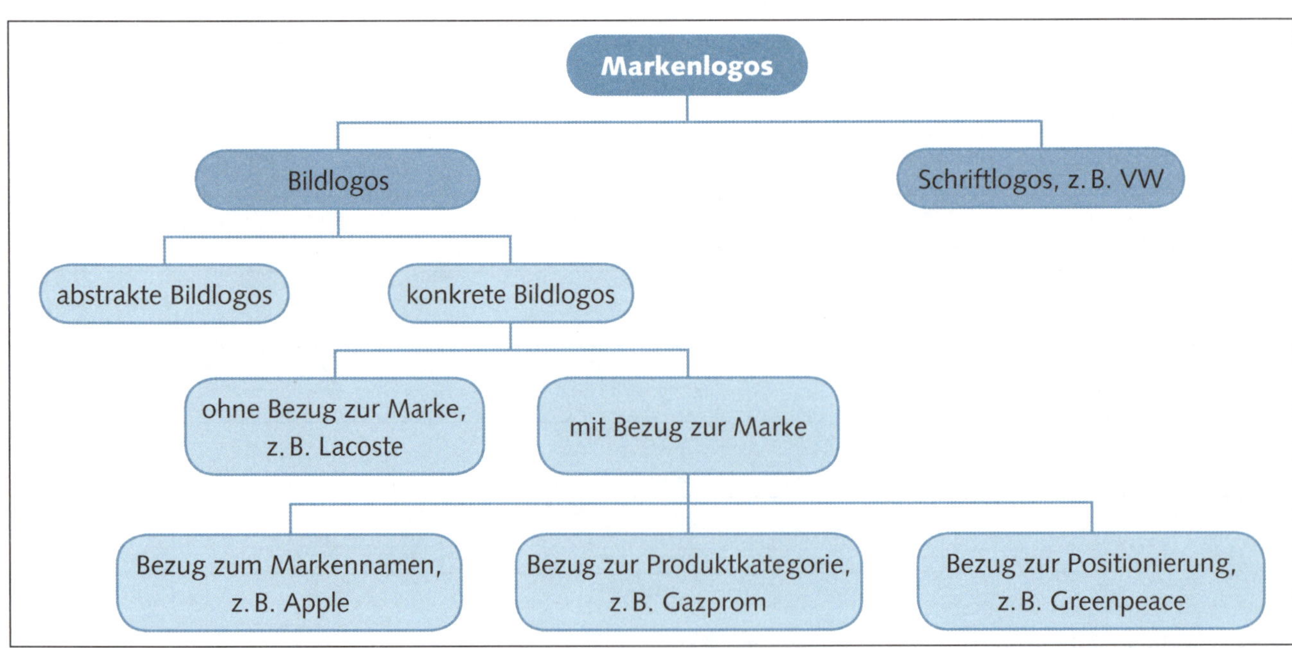

2. Findet weitere Beispiele für die unterschiedlichen Logo-Kategorien.

Entwickelt euer Logo

Firmenlogos erhöhen den Wiedererkennungswert beim Kunden erheblich. Visuelle Reize sind oftmals einprägsamer als sprachliche und können deshalb einfacher wahrgenommen und behalten werden. Deshalb wird der Wert mancher Firmenlogos auf Milliardenbeträge geschätzt. Bei nebenstehenden Logos weiß fast jeder Konsument auf Anhieb, was sich dahinter verbirgt.

Beachtet bei der Entwicklung eures Firmenlogos die folgenden Aspekte:

- Das Logo sollte einen hohen Wiedererkennungswert haben wie z. B. der Mercedes-Stern.
- Vorsicht mit Cliparts! Stellt sicher, dass diese nicht urheberrechtlich geschützt sind.
- Das Logo muss auch kleingedruckt lesbar sein.
- Das Firmenlogo sollte auch auf SW-Druckern lesbar ausgedruckt werden können.

1. Bildet Gruppen von drei bis vier Personen.
Jede Gruppe entwickelt einen Logo-Vorschlag zu einer anderen Logo-Kategorie.

2. Stellt eure Ergebnisse im Team vor und überlegt, welcher Vorschlag zu eurer Schülerfirma am besten passt. Das Firmenlogo kann als Zeichnung oder als Grafikdatei erstellt werden.

Euer Logo als Zeichnung:

Analysiert euren Absatzmarkt

Die genaue Kenntnis des Marktes ist entscheidend für euren Unternehmenserfolg.

B Wie man einen Markt beschreiben kann, lässt sich am Beispiel einer Swatch-Uhr zeigen:

- Markt: Uhren
- Segment: Armbanduhren – untere Preisgruppierung
- Wettbewerber: z. B. Fossil, Esprit etc.
- Zielgruppe: junge Käufer, die ihre Uhr nach modischen Gesichtspunkten kaufen; Käufer, die mehrere Uhren kaufen
- Marktwachstum: stabil, nicht dynamisch

Für eine erste Marktanalyse bietet sich eine Internetrecherche an. Das Internet liefert einfach und schnell Informationen, gleichzeitig führt die Menge der Informationen aber zur Verirrung.

Tipps zur Internetrecherche

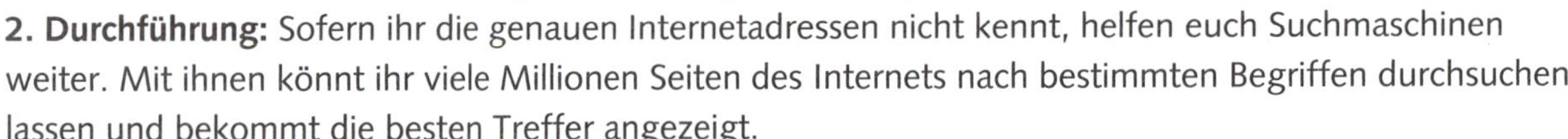

1. Vorbereitung: Bevor ihr startet, müsst ihr euch klar darüber sein, was genau ihr sucht:
- Zu welchem Thema sucht ihr Informationen?
- Wofür benötigt ihr die Ergebnisse?
- Welche Informationsquellen sind dafür sinnvoll?
  (Abhängig davon, was ihr am Ende mit der Information machen wollt, benötigt ihr mal fachliche Texte, mal Zeitungsartikel, mal grafisch dargestellte Statistiken.)

2. Durchführung: Sofern ihr die genauen Internetadressen nicht kennt, helfen euch Suchmaschinen weiter. Mit ihnen könnt ihr viele Millionen Seiten des Internets nach bestimmten Begriffen durchsuchen lassen und bekommt die besten Treffer angezeigt.

3. Auswertung: Ganz wichtig ist es, die gefundenen Informationen kritisch zu bewerten:
- Von wem kommt die Information und wie ist die Quelle zu bewerten?
- Um welche Form der Information handelt es sich (Nachricht, Stellungnahme einer Institution, persönliche Meinung etc.)?
- Welche Interessen werden vom Anbieter der Information generell vertreten?

1. Welche weiteren Informationsquellen findet ihr für eure Marktanalyse?

Beachtet bei eurer Marktrecherche folgende Punkte:

- **Wettbewerber:** Seid ihr alleiniger Anbieter? Wer sind eure möglichen Mitbewerber am Markt? Wie ist der Markt zurzeit verteilt?
- **Marktgröße:** Wie umfangreich ist euer Markt? Wie schätzt ihr den Bedarf für euer Produkt/eure Dienstleistungen ein? Gibt es regionale Grenzen? Wollt ihr euer Produkt/eure Dienstleistung international anbieten?
- **Zielgruppe:** An wen wollt ihr verkaufen? Wer soll sich aus welchen Gründen für euer Produkt/eure Dienstleistung entscheiden? Beachtet auch demografische Informationen wie Alter, Beruf, Geschlecht, Haushaltsgröße, Einkommen …

- **Marktentwicklung:** Wichtig für eure Entscheidungen ist auch die Entwicklungsperspektive eures Marktes. Ist euer Markt ein Wachstumsmarkt oder ist er weitestgehend gesättigt?

1. Beschreibt, auf welche Informationsquelle ihr zurückgegriffen und wie ihr die Analyse durchgeführt habt.

2. Welche Ergebnisse hat eure Marktanalyse erbracht?
Beschreibt den anzusprechenden Absatzmarkt eures Produkts.

Der Kunde ist König!

Die Kunden entscheiden über euren Geschäftserfolg. Deshalb solltet ihr kritisch prüfen, wie eure Geschäftsidee beim Kunden ankommt.

Zur Konkretisierung der Geschäftsidee solltet ihr euch folgende Fragen stellen:

- Worin besteht unser Produkt oder unsere Dienstleistung?
- Worin unterscheidet sich unser Angebot von dem der Konkurrenz?
- Was hat ein Kunde von unserem Angebot?
- Was ist das Besondere an unserer Idee?
- Welchen Nutzen haben unsere Kunden, wenn sie bei uns und nicht bei der Konkurrenz kaufen?
- Wie werden wir unser Alleinstellungsmerkmal, das uns von der Konkurrenz abhebt, sichern, damit wir nicht von der Konkurrenz eingeholt werden?
- Wie können wir unser Produkt bewerben?

Q **„Kunden ticken heute anders" – Auszug aus einem Interview mit Andrew Robertson, Chef des Werbekonzerns *BBDO Worldwide, New York.* (Die BBDO gilt als zweitgrößte Werbeagentur der Welt.)**

(...)

Frage: Sie beobachten weltweit das Verhalten der Kunden. Was hat sich in der Wirtschaftskrise verändert?

Antwort: Der große Trend ist, dass Kunden bewusster einkaufen. Wir haben beobachtet, dass Kunden heute 20 Prozent länger im Supermarkt einkaufen gehen – ohne mehr Geld auszugeben. Das heißt, sie studieren die Produkte sehr viel genauer. Das von Emotionen getriebene Shoppen geht weltweit zurück, Kunden ticken heute anders. Die Marken müssen sich in schwierigen Zeiten neu ausrichten. Für unsere Branche heißt es, sich noch stärker auf den Kunden zu konzentrieren und die Werbeinstrumente ständig zu überprüfen. Schöne Werbepläne, die vor sechs Monaten erstellt wurden, gehören heute leider in den Papierkorb.

(...)

Quelle: Handelsblatt, Nr. 098, 25.05.2009

1. Begründet, warum eure Geschäftsidee beim Kunden ankommt.

Hinweise zur Kundenbefragung

Wer Produkte oder Dienstleistungen verkaufen will, benötigt eine Fülle von Informationen. Die Analyse der Kaufinteressen eurer möglichen Kunden bildet daher einen wichtigen Ausgangspunkt für eine realistische Planung eures Angebots.

Eine Kundenbefragung sollte mit einer bestimmten Zielsetzung erfolgen. Es geht darum, herauszufinden, wie die Produkte bzw. Dienstleistungen besser an den Mann bzw. die Frau gebracht werden können. Das bedeutet, dass eure Befragungsergebnisse vor allem der Verbesserung eures Marketings dienen (vgl. das Kapitel „Das Werbekonzept", S. 32 und 33.).

Bei einer Kundenbefragung sind folgende Fragen wichtig:

- **Wer** kommt als potenzieller Käufer infrage? (Zielgruppe)
- **Wie viel** wird gekauft? (Kaufmenge)
- **Warum** wird gekauft? (Kaufmotive)
- **Wo** wird gekauft? (Wahl der Einkaufsstätte)

1. Welche Fragen wollt ihr den potenziellen Kunden stellen?

2. Welche Ergebnisse hat die Befragung erbracht?

Ein Patenbetrieb kann helfen

Ein Patenbetrieb ist ein reales Unternehmen, das eine Kooperationsbeziehung zu einer Schule hat, aber auch Schülerfirmen in den unterschiedlichsten Bereichen beraten kann. Ob es um den Einkauf, die Produktion, den Absatz oder um die Verwaltung geht – ohne die Tipps von Experten habt ihr es wahrscheinlich sehr schwer. Die Wirtschaftspaten können auch euer Geschäftskonzept besonders kompetent bewerten.

Es kann sich gerade zu Beginn der Gründungsarbeit anbieten, einen Vertreter des Patenunternehmens als Experten in die Schule einzuladen oder eine Betriebserkundung durchzuführen. Oftmals sind ortsansässige „Konkurrenzunternehmen" gerne bereit, Schülerfirmen zu helfen, da Schülerfirmen nur einen geringen Umsatz erzielen und damit keine Bedrohung darstellen. Es gibt sogar zwischen vielen Schülerfirmen und ihren Patenbetrieben Kooperationsvereinbarungen.

Wobei können euch Patenbetriebe helfen?

- Sie ermöglichen euch Betriebserkundungen, damit ihr euch informieren könnt.
- Sie prüfen, wie realistisch eure Geschäftsidee ist.
- Sie geben euch Hinweise für die Organisation eurer Schülerfirma. Sie zeigen, wie man eine einfache Einnahmen-Ausgaben-Rechnung durchführt.
- Sie unterstützen euch bei der Materialbeschaffung.
- Sie zeigen euch, wie eine Befragung von Konsumenten durchgeführt werden kann.

B Die Schülerfirma „SchreibZeug" verkauft in ihrer Schule Schreibwaren an Schüler. *„Unser Lehrer hat angeregt, eine Betriebserkundung in einem Bürohandel in der Stadt durchzuführen, damit wir wissen, worauf wir uns einlassen.*
Wir haben dann in der Klasse die Fragen zusammengetragen, die uns interessieren. Zum Beispiel: Welche Artikel laufen besonders gut bei Schülern? Wie sind der Einkauf, der Verkauf und die Buchhaltung organisiert? Als Klassensprecher habe ich dann den Besichtigungstermin vereinbart.

Die Mitarbeiterinnen und Mitarbeiter des Bürohandels haben uns sehr freundlich empfangen und ausführlich informiert. Wir haben dort mehr als zwei Stunden verbracht und viele Anregungen für unsere Schülerfirma mitgenommen. Unser Geschäftskonzept haben wir drei Wochen später dem Geschäftsführer, Herrn Wolters, vorgestellt. Herr Wolters hat uns wichtige Tipps gegeben. Außerdem hat er uns Prospektständer und eine ausrangierte Kasse geschenkt.
Im Moment erstellen wir den Jahresabschluss von SchreibZeug. *Herr Wolters erhält natürlich auch ein Exemplar und wird zur Präsentation eingeladen."*

1. Welche Patenbetriebe kommen für euch infrage? Warum?

2. Nehmt Kontakt zu einem Betrieb auf, der euch bei eurem Vorhaben unterstützen kann. Sprecht vorher mit eurer Schulleitung, die euch bei der Kontaktaufnahme gut helfen kann.

Expertenbefragung

1. Vorbereitung
Informiert den Experten im Vorfeld genau über eure Schülerfirmen-Idee und darüber, was eure Pläne für eure Firma sind. Vereinbart einen Termin und erfragt, wie viel Zeit er mitbringt. Ihr müsst den Experten darüber in Kenntnis setzen, was ihr mit der Expertenbefragung erreichen wollt und wie die Befragung ablaufen wird. Außerdem solltet ihr einen Fragenkatalog aufstellen und Schwerpunkte bilden. Bittet die Experten, sich mit Fachvokabular auf Schüler als Zuhörer einzustellen.

2. Arbeitstechnik festlegen
Wenn viele Personen etwas von einer Person erfahren wollen, führt das leicht zu unbefriedigenden Ergebnissen, weil ohne Ordnung gefragt wird. Eine/r aus der Klasse könnte z. B. die Rolle des/der Diskussionsleiters/in übernehmen. Überlegt genau, wie ihr wichtige Ergebnisse des Expertengesprächs festhalten könnt. Insbesondere ist festzulegen, von wem das Protokoll erstellt werden soll. Audio- oder Videoaufzeichnungen setzen die Einstimmung des Experten voraus.

3. Durchführung
In der Regel fällt es den Experten leicht, ausführlich über ihr Unternehmen und ihre Erfahrungen zu berichten. Umso wichtiger ist es, die vorbereiteten Fragen auch tatsächlich zu stellen. Hinsichtlich der Reihenfolge solltet ihr flexibel vorgehen; manche vorbereiteten Fragen wird der Experte möglicherweise schon „nebenbei" beantwortet haben, dann könnt ihr diese überspringen. Solltet ihr etwas nicht verstanden haben, fragt in jedem Fall nach.

4. Auswertung
Vielleicht entschließt ihr euch, das Expertengespräch in Form eines Protokolls auszuwerten. Vergesst nicht, euer Protokoll auch an den Experten zu schicken. So kann er sehen, wie seine Ausführungen „angekommen" sind, und er wird sich über eure Höflichkeit freuen.
Die Auswertung muss auch Kritik an euch selbst einbeziehen: Was haben wir gut gemacht, was können wir besser machen?

1. Wie soll eure Expertenbefragung inhaltlich strukturiert werden und verlaufen?
Macht euch zunächst Stichpunkte und arbeitet sie dann schriftlich aus.

Was kostet der Spaß? – Der Finanzplan

Ihr habt euch jetzt bereits mit verschiedenen Aspekten eurer Existenzgründung befasst. Wesentliche Punkte müsst ihr jedoch noch klären:
Schon bevor ihr mit eurem Produkt oder eurer Dienstleistung an den Markt geht, entstehen Kosten. Welche Investitionen (Werkzeuge, Computer, Möbel etc.) sind zu tätigen? Wie viel müsst ihr z. B. für Miete, Gehälter, Transport- und Lagerkosten oder Zinsen einplanen? Zu welchem Preis wollt ihr euer Produkt bzw. eure Dienstleistung überhaupt anbieten und was müsst ihr dabei berücksichtigen?

Aus diesem Grund wird ein Finanzplan erstellt, der sowohl für euch als Unternehmensgründer als auch für die Kapitalgeber gleichermaßen bedeutsam ist.
- Es findet eine erste Prüfung statt, ob die Geschäftsidee profitabel ist und – wenn ja – ab wann.
- Es wird ersichtlich, wie hoch der Kapitalbedarf ist.

Aufgrund der Komplexität eines Finanzplanes erfolgt dessen Erstellung in mehreren Schritten:
- Welche Investitionen sind zu tätigen?
- Welche Kosten fallen bei der Produktion an?
- Preisbestimmung: Welcher Preis soll verlangt werden?
- Der Finanzplan wird erstellt.
- Finanzierungsquellen müssen gefunden werden.

Welche Investitionen sind zu tätigen?

Unter Investitionen versteht man die Anschaffung von Gütern wie Werkzeugen, Computern, Möbeln, die langfristig genutzt werden sollen.

1. Ermittelt die Summe eurer Investitionen, indem ihr die Einzelposten in die Tabelle eintragt.

Notwendige Investitionen			
Menge	Bezeichnung	Einzelpreis	Gesamtpreis
		Summe:	

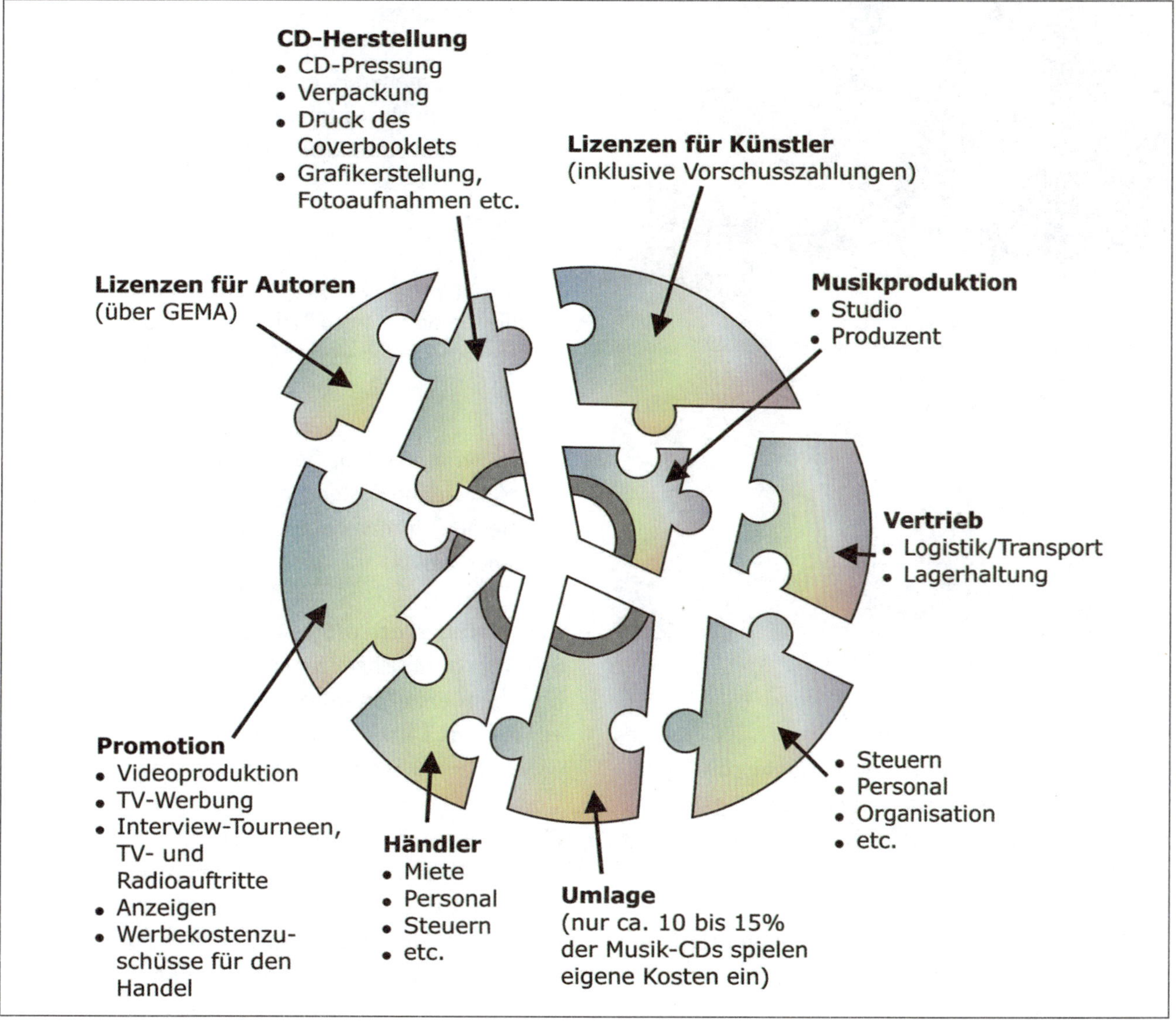

Welche Kosten fallen bei der Produktion an?

Häufig werden die Kosten, die bei der Produktion und dem Vertrieb anfallen, unterschätzt. Ein typisches Beispiel ist eine professionell produzierte Musik-CD (siehe Grafik oben). Die eigentliche Herstellung der CD beträgt nur einen Bruchteil der Produktionskosten. Ebenso sind die Vertriebskosten nicht zu unterschätzen. Bei Parfüms beispielsweise sind sie höher als die Produktionskosten. Auch die Entwicklungskosten müssen berücksichtigt werden. Z. B. bei neuen PKW-Modellen können sie durchaus im Milliardenbereich liegen.

Auf Seite 18 werden wichtige Kostenarten erläutert. Eure Liste wird vermutlich deutlich kürzer ausfallen, da einige Posten wie Miete oder Reisekosten bei euch eventuell wegfallen. Das bedeutet zugleich, dass eine Schülerfirma oft viel günstiger als ein reales Unternehmen produzieren kann. Folglich kann eine Schülerfirma die Preise „echter“ Unternehmen meist leicht unterbieten. Das kann bei großen Schülerfirmen dazu führen, dass lokale Unternehmen wegen unlauteren Wettbewerbs juristische Schritte einleiten. Um dies zu verhindern, sollten eure Preise nicht wesentlich unter den üblichen Marktpreisen liegen.

Es wird übrigens unterschieden zwischen **fixen** und **variablen** Kosten: Fixe Kosten fallen unabhängig von der Produktionsmenge an (z. B. monatliche Miete). Variable Kosten sind an die Produktionsmenge gebunden, z. B. das Material, das in dem Produkt verbaut wird.

1. Überlegt euch, zu welchen Kosten ihr produzieren könnt. Welche variablen, welche fixen Kosten kommen auf euch zu? Vergleicht mit der Kostenliste auf Seite 18. Eure Ergebnisse könnt ihr in die Tabellen auf Seite 19 eintragen.

Personalkosten
Überlegt, welches Jahresgehalt ihr euch als Vorstand auszahlen wollt. Gibt es Urlaubsgeld oder sonstige Zulagen? Benötigt ihr weiteres Personal? Welche Monatsgehälter müsst ihr dafür kalkulieren oder erfolgt die Bezahlung auf Stundenbasis?

Soll euer Personalbestand in den ersten drei Jahren konstant bleiben oder plant ihr ein gewisses Wachstum in eurer Kalkulation mit ein?

Miete/Pacht
Welche Büro- und/oder Produktionsräume benötigt ihr für die Ausübung der Geschäftstätigkeit? Recherchiert die entsprechenden Mietkosten für eure Kostenkalkulation.

Heizung/Strom/Wasser/Gas
Welche laufenden Energie- und Verbrauchskosten entstehen bei der Nutzung eurer Büro- und Produktionsräume?

Werbung
Wie viel wollt ihr in die Werbung für euer Produkt oder eure Dienstleistung bei der Markteinführung und dann in den ersten Jahren eurer Tätigkeit investieren?

Versicherungen
Plant Beträge für die Absicherung der für euch größten Risiken wie z. B. Feuer oder Einbruch/Diebstahl in die Kalkulation mit ein.

Kraftfahrzeugkosten
Welche Kosten entstehen durch die Nutzung von unternehmenseigenen oder auch gemieteten Kfz? Hier könnt ihr auch die Kosten mit einplanen, die ihr für das Transportieren eurer Produkte veranschlagt.

Reisekosten
Müsst ihr zur Ausübung eurer Tätigkeit reisen, z. B. zu Vertragsverhandlungen, um neue Absatzmärkte zu erschließen oder Messen zu besuchen, dann solltet ihr einen entsprechenden Posten für Reisekosten in eure Kalkulation einfließen lassen.

Büromaterial/Telefon/Fax/Internet
Überlegt, welche Kosten ihr für die Bürokommunikation und Verbrauchsmaterial wie Papier, Stifte, Ordner etc. einplanen wollt.

Buchführungskosten/Steuerberatung
Sofern ihr nicht selber vom Fach seid, benötigt ihr Know-how zum Erstellen eurer Buchführung und Steuererklärungen. Dieses Know-how müsst ihr einkaufen und daher in eure Kalkulation mit einplanen.

Zinsen
Für die Finanzierung eurer Unternehmung müsst ihr eventuell (für die Ausstattung eures Maschinenparks oder für die Einrichtung eurer Bürokommunikation und EDV) einen langfristigen Kredit aufnehmen. Diesen Kredit müsst ihr jährlich mit Zinsen bedienen:

$$\textit{Zinsen} = \frac{\textit{Kapital} \cdot \textit{Zinssatz}}{100}$$

Abschreibungen
Investitionsgüter unterliegen über die Jahre ihrer Nutzung jedoch einem Wertverlust, den ihr als Kosten in eurer Kalkulation erfassen müsst. Dieser Wertverlust wird mit Abschreibung bezeichnet und kann nach folgender Formel ermittelt werden:

$$\frac{\textit{Anschaffungskosten}}{\textit{durchschnittliche Nutzungsdauer}} = \text{Abschreibung in EUR/Jahr}$$

Sonstige Kosten
Vielleicht entstehen euch durch die Produktion eures Produktes oder durch die Konzeption eurer Dienstleistungen weitere Kosten. Plant diese Kosten als Jahresbeträge mit ein.

Fixe Kosten (pro Monat)			
Menge	Bezeichnung	Einzelpreis	Gesamtpreis
		Summe:	

Variable Kosten (pro zu produzierendem Stück)			
Menge/ Monat	Bezeichnung	Einzelpreis	Gesamtpreis
		Summe:	

Fixe und variable Kosten pro Monat: Summe ____________________ EUR

Preisbestimmung:
Welcher Preis soll verlangt werden?

Ihr wollt euer Produkt oder eure Dienstleistung an dem von euch beschriebenen und analysierten Absatzmarkt verkaufen. Dazu braucht euer Produkt einen Preis, zu dem ihr es am Markt anbieten könnt.

In die Kalkulation dieses Preises müsst ihr folgende Überlegungen einfließen lassen:

- Welche Kosten fallen an?
- Wie viel Gewinn wollen wir erzielen?
- Welchen Preis können wir von den Kunden verlangen?
- Welchen Preis haben die Konkurrenzprodukte?

Preisbestimmung anhand der kalkulierten Kosten

Um eurer Kostenkalkulation eine plausible Einnahmekalkulation entgegenzustellen, müsst ihr überlegen, in welcher Stückzahl und zu welchem Preis ihr euer Produkt am Markt anbieten möchtet.

Der Preis sollte so kalkuliert sein, dass zumindest die Stückkosten gedeckt werden. Die Preisuntergrenze kann einfach kalkuliert werden, indem die Gesamtkosten des Produktionszeitraumes durch die Produktionsmenge dividiert wird.

$$\textit{Stückkosten (= Preisuntergrenze)} = \frac{\textit{Gesamtkosten des Produktionszeitraumes}}{\textit{Produzierte Stückzahl}}$$

(Vergleicht auch die Seite 41 zur Preiskalkulation. Hier erfahrt ihr noch mehr zur Berechnung der Stückkosten.)

1. Welche Stückzahl wollt ihr produzieren?

____

2. Welche Produktionskosten fallen pro Stück an?

____

____

____

____

____

____

____

____

Preisbestimmung an Wertvorstellungen
Vielleicht gibt es für euer Produkt oder eure Dienstleistung einen Markt, auf dem Wertvorstellungen eine Rolle spielen, z. B. bei Luxusgütern. Überlegt, wie ihr euer Produkt hier einordnen wollt und entwickelt eine Absatzplanung.

Preisbestimmung am durchschnittlichen Marktpreis
Bietet ihr auf einem Markt an, der schon von mehreren Anbietern gut besetzt ist, so müsst ihr euch an den aktuellen Marktpreisen orientieren, um konkurrenzfähig anbieten zu können. Überlegt auch hier eine realistische und gewinnorientierte Absatzplanung für euer Produkt.

Wichtig bei all diesen Überlegungen zum Preis eures Produktes ist allerdings, dass ihr mit eurem Unternehmen irgendwann Gewinn machen müsst. Die Kapitalgeber geben euch ihr Geld, um es zu vermehren und nicht, um es zu vernichten. Die Gewinnzone muss nicht im ersten und vielleicht auch noch nicht im zweiten Jahr eurer Geschäftstätigkeit erreicht werden. Aber wenn eure Kalkulation erst im zehnten Geschäftsjahr Gewinne ausweist, solltet ihr ins Grübeln kommen.

Beachtet: Die Preisbestimmung ist gar nicht so einfach. Einerseits darf der Preis nicht so hoch angesetzt werden, dass sich keine Käufer finden. Anderseits müssen mindestens die Kosten gedeckt werden.

1. Zu welchem Preis soll euer Produkt verkauft werden? ______________ EUR/Stück

2. Erläutert eure Preisentscheidung.

Der Finanzplan wird erstellt

Kalkuliert den **Kapitalbedarf** eures Unternehmens. Das Kapital muss mindestens reichen, um die Investitionen und Kosten zahlen zu können, bis die ersten Verkaufserlöse in der Kasse oder auf der Bank eingehen. Natürlich interessiert auch potenzielle Kapitalgeber die **Gewinnerwartung** eures Unternehmens.

Die Finanzplanung ist neben der Geschäftsidee das zentrale Element des Gründungskonzepts. Sie hat die Aufgabe, die Finanzierungsvorgänge zu steuern sowie die Liquidität, also die Zahlungsfähigkeit des Unternehmens, sicherzustellen. Folglich müsst ihr zwei Bereiche unterscheiden:

Die **Kapitalbedarfsplanung** umfasst
- den Erwerb des Anlagevermögens (Maschinen, Möbel, Computer u. a. m.),
- die Beschaffung des Mindestbestandes an Roh-, Hilfs- und Betriebsstoffen, der für eine reibungslose Produktion erforderlich ist.

Die **Liquiditätsplanung** umfasst die Planung der Zahlungseingänge und -ausgänge. Folgende Punkte sind von Bedeutung:
- die Einzahlungen aufgrund von Verkäufen (Umsätze),
- die Einzahlungen der Kapitalgeber,
- die Auszahlungen für die Investitionen,
- die Auszahlungen für die Kosten (Lohnkosten, Verbrauchsmaterial, Energiekosten),
- die Auszahlungen (insbesondere Kreditrückzahlungen) an die Kapitalgeber.

Ein entscheidendes Merkmal des Finanzplans ist die periodische Betrachtung. Versucht, euch einen möglichst genauen und realistischen Überblick zu verschaffen: Mit welchen Ausgaben müsst ihr wann rechnen? Und auf der anderen Seite: Mit welchen Einnahmen könnt ihr zu welchem Zeitpunkt rechnen? So ermittelt ihr konkret, welcher Liquiditätsbedarf oder -überschuss in einem Monat anfällt. Je detaillierter ihr versucht zu planen, desto weniger unangenehme Überraschungen werdet ihr erleben, denn: Für die Lebensfähigkeit eines Unternehmens reicht es nicht aus, in absehbarer Zeit hohe Gewinne zu erzielen.

Die oberste Überlebensregel lautet: Ein Unternehmen muss in der Lage sein, den aktuellen Zahlungsverpflichtungen jederzeit nachzukommen!

Der Finanzplan ist also für die Unternehmensgründer wie für die Kapitalgeber relevant. Es findet eine erste Prüfung statt, ob die Geschäftsidee profitabel ist und – wenn ja – ab wann.

Ob ein Unternehmen profitabel ist, hängt neben den Kosten maßgeblich vom Umsatz ab. Diesen Faktor könnt ihr beim Erstellen eures Finanzplans natürlich nicht auf den Cent genau kalkulieren. Die Analyse eures Absatzmarktes sowie eure Kundenbefragung (vgl. die Seiten 10 bis 13) liefern euch aber erste brauchbare Informationen über das zu erwartende Absatzpotenzial.

Durch die Aufstellung eines Finanzplans erhaltet ihr Klarheit darüber, in welchen (Anfangs-)Monaten Liquiditätszuschüsse, z. B. in Form von Krediten oder Bareinlagen der Eigentümer, notwendig sind.

1. Erstellt euren Finanzplan. Ihr könnt euch an der Tabelle auf Seite 23 orientieren.
Bei dieser Aufgabe bietet sich die Verwendung eines Tabellenkalkulationsprogramms an.

Einzahlungen/Auszahlungen	Periode			
	September	Oktober	...	Summe
Einzahlungen				
– Umsatz				
• Produkt I				
• Produkt II				
• Produkt ...				
– Bareinlagen der Gesellschafter				
– Bereitstellung von Krediten				
Auszahlungen				
– Investitionen				
• Sachanlagen[1)]				
• Vorratsinvestitionen				
– Kosten				
• Lohnkosten				
• Materialkosten				
• Energiekosten				
• Zinsen (für Kredite)				
• ...				
– Kredittilgung				
Gewinn/Verlust				
(Σ Umsätze ./. Σ Kosten)				
Liquiditätsüberschuss/ Liquiditätsunterdeckung[2)]				
(Σ Einzahlungen ./. Σ Auszahlungen)				

1) Wenn die Gesellschafter Sacheinlagen einbringen (z. B. Computer), verringert sich der Liquiditätsbedarf, nicht aber der Kapitalbedarf.

2) Es darf keine Liquiditätsunterdeckung auftreten. Dies hätte zur Folge, dass die Rechnungen nicht bezahlt werden können.

Die Suche nach Finanzierungsquellen
Nach der Erstellung des Finanzplans gilt es nun, das erforderliche Startkapital zu beschaffen. Hier wird zwischen Eigen- und Fremdkapital unterschieden.

Das **Eigenkapital** wird von den Eigentümern des Unternehmens eingezahlt; man spricht diesbezüglich auch von der Einlage. Das Geld wird dem Unternehmen dauerhaft zur Verfügung gestellt, muss also nicht zurückgezahlt werden. Eigenkapitalgeber können sein:
- der oder die Unternehmensgründer
- externe Personen oder Institutionen

Fremde Partner als Eigenkapitalgeber zu gewinnen, ist das Grundprinzip von Aktiengesellschaften (vgl. S. 26). Die sogenannten Aktionäre können Anteile am Eigenkapital (Aktien) kaufen oder verkaufen. Bei großen Unternehmen geschieht dies an den Aktienbörsen.

Das **Fremdkapital** wird dem Unternehmen für einen bestimmten Zeitraum geliehen und muss mit Zinsen getilgt, d. h. zurückgezahlt werden. Der Zeitraum kann wenige Tage (z. B. bei der Überziehung des Bankkontos) bis hin zu Jahrzehnten (häufig bei Immobilien) betragen.

Generell gilt: Die Gewährung von Fremdkapital setzt Eigenkapital als Sicherheit voraus. Darlehen werden vom Fremdkapitalgeber nur dann vergeben, wenn der Kreditnehmer die Rückzahlung über ein entsprechend hohes Eigenkapital oder Sicherheiten, z. B. sein Privatvermögen, sicherstellen kann. Dies ist ein wesentlicher Grund, warum viele Existenzgründer als Rechtsform für ihr Unternehmen eine Personengesellschaft wählen (ausführlich auf S. 26).

Eigenkapital oder Fremdkapital?
Auf den ersten Blick lässt sich diese Frage einfach beantworten: Fremdkapital ist dann notwendig, wenn das Eigenkapital nicht zur Unternehmensgründung ausreicht. Diese Antwort ist zwar nicht falsch, greift aber zu kurz.

Grundsätzlich gilt, dass Eigenkapitalgeber einen deutlich größeren Einfluss als Fremdkapitalgeber auf das Unternehmen nehmen können. Der Umfang der Mitbestimmung steigt mit dem Anteil am Eigenkapital. Bei Aktiengesellschaften ist dies ein erhebliches Risiko, weil die Aktien einfach gekauft und verkauft werden können. Dies kann zu sogenannten feindlichen Übernahmen führen, indem ein von der Unternehmensführung ungeliebter Investor die Mehrheit der Unternehmensaktien aufkauft und somit die Kontrolle erlangt.

Demgegenüber sind die Einflussmöglichkeiten der Fremdkapitalgeber geringer. Allerdings müssen auch in wirtschaftlich schwierigen Zeiten die Zinsen und Tilgungen gezahlt werden, d. h. durch einen hohen Anteil an Fremdkapital ist das Unternehmen krisenanfälliger. Eigenkapitalgeber sind deutlich eher bereit, ihre Ansprüche auf die Verzinsung ihres Eigenkapitals zurückzuschrauben.

Nahezu alle realen Unternehmen sind eigen- und fremdkapitalfinanziert. Gemäß der „goldenen" Bilanzregel sollte zumindest das Anlagevermögen durch Eigenkapital finanziert sein. Eine Schülerfirma sollte – u. a. aufgrund der rechtlichen Probleme bei der Kreditaufnahme bei einer Bank – in erster Linie eigenkapitalfinanziert sein.

1. Eigenkapital oder Fremdkapital? Erstellt eine Pro- und Kontraliste für eure Schülerfirma.

	Eigenkapital	Fremdkapital
☺		
☹		

Beschaffung von Eigen- und Fremdkapital

Für Unternehmensgründer gibt es zahlreiche Förderprogramme, um die Ausstattung mit Eigen- und Fremdkapital zu verbessern. Beispielsweise schenken zahlreiche Kommunen den Unternehmensgründern Geld für das Unternehmen, d. h. Eigenkapital. Außerdem gibt es eine Vielzahl von Existenzgründerdarlehen ohne oder mit geringen Zinssätzen.

Dennoch ist es meist notwendig, bei einer Bank ein „normales" Darlehen aufzunehmen. Hier gibt es deutliche Unterschiede zwischen den Konditionen. Ein Vergleich ist unverzichtbar.

Wie für die Gründung eines „normalen" Unternehmens gibt es auch für Schülerfirmen diverse Fördermöglichkeiten, z. B.
- regionale Wirtschaftsfördervereine,
- regionale Unternehmen und Banken,
- Eltern,
- Institut der Deutschen Wirtschaft: JUNIOR (www.iwjunior.de).

Für eine erste Recherche bietet sich das Internet an. Dies ersetzt aber keine direkten Anfragen bei möglichen Geldgebern. Sehr hilfreich ist es, den potenziellen Geldgebern das Geschäftsmodell persönlich vorzustellen (vgl. S. 28/29).

	Eigenkapital	Fremdkapital
Dauer der Bereitstellung	dauerhafte Einlage	zeitlich begrenzt; Rückzahlung gemäß Tilgungsplan
Mitspracherecht der Kapitalgeber	von Höhe der Beteiligung abhängig und zeitlich unbegrenzt	eher gering, endet mit Rückzahlung des Kredites
Zahlung von Zinsen auf das Kapital	ja, Höhe in Abhängigkeit von Ertragslage	ja, Höhe wird bei Abschluss des Kreditvertrages festgelegt

1. Recherchiert mögliche Finanzierungsquellen.

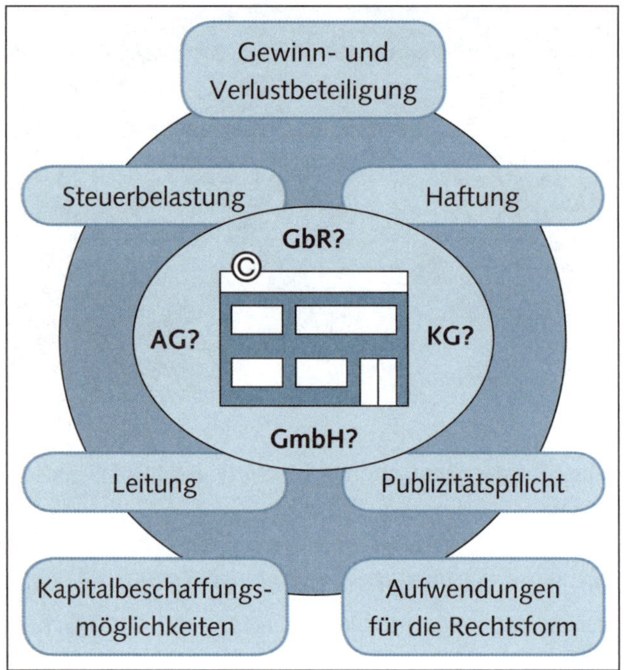

Rechtsform – Die Struktur nach außen ...

Vermutlich habt ihr schon gesehen, dass hinter den Firmennamen Abkürzungen wie AG oder GmbH stehen. Dabei handelt es sich um die sogenannte Rechtsform. Die Wahl der Rechtsform hat großen Einfluss auf die Haftung und Mitbestimmung der Kapitalgeber sowie die Finanzierungsmöglichkeiten des Unternehmens.

Für Schülerfirmen kommen insbesondere die folgenden Rechtsformen in Betracht.

In der **Offenen Handelsgesellschaft (OHG)** sind alle Eigenkapitalgeber (auch Gesellschafter genannt) zur Wahrnehmung der Geschäftsführung berechtigt. Allerdings haften die Gesellschafter mit ihrem Privatvermögen (unbeschränkte Haftung) sowie für die Fehler anderer Gesellschafter (solidarische Haftung). Es gibt keine Vorschriften zur Mindesthöhe des Eigenkapitals.

Bei der **Aktiengesellschaft (AG)** wird das Eigenkapital in Aktien aufgeteilt und an die Eigenkapitalgeber – die Aktionäre – verkauft. Die Aktien können an den Wertpapierbörsen einfach gekauft und verkauft werden. Die Aktionäre wählen im Rahmen der jährlichen Hauptversammlung den Vorstand und den Aufsichtsrat, der den Vorstand kontrolliert. Pro Aktie hat der Aktionär eine Stimme. Die Haftung der Aktionäre ist auf den Kaufpreis der Aktien beschränkt. Das Grundkapital, d. h. die Mindesthöhe des Eigenkapitals beträgt 50.000,– €.

Bei der **Gesellschaft mit beschränkter Haftung (GmbH)** ist die Haftung der Eigenkapitalgeber ebenfalls auf die Höhe der Kapitaleinlage beschränkt. Allerdings können die Geschäftsanteile nicht so einfach wie bei Aktiengesellschaften gekauft und verkauft werden. Ähnlich wie bei der Aktiengesellschaft wählen die Gesellschafter die Geschäftsführung; ein Aufsichtsrat, der die Geschäftsführung kontrolliert und berät, muss aber nicht gewählt werden. Das Mitbestimmungsrecht der Gesellschafter bemisst sich an deren Anteil an der gesamten Eigenkapitaleinlage. Die Kapitaleinlage beträgt mindestens 25.000,– €.

Die **eingetragene Genossenschaft (eG)** wird von mindestens sieben Gesellschaftern gegründet. Ähnlich wie bei der Aktiengesellschaft gibt es eine Hauptversammlung (Generalversammlung genannt), einen Vorstand und einen Aufsichtsrat. Vorgaben hinsichtlich des Mindestkapitals gibt es nicht. Die Haftung ist grundsätzlich auf die Kapitaleinlage beschränkt, allerdings kann auch eine Nachschusspflicht vereinbart werden. Jeder Gesellschafter hat unabhängig von der Höhe der Einlage eine Stimme.

In der Kurzbeschreibung wird deutlich: **Die Wahl der Rechtsform hat einen großen Einfluss auf die Mitbestimmungsmöglichkeit und das Haftungsrisiko der Eigenkapitalgeber.** OHGs werden aufgrund der unbeschränkten und solidarischen Haftung deshalb nur von Personen gegründet, die sich absolut vertrauen (zumeist Geschwister, Eheleute oder Freunde). Aufgrund der unbeschränkten Haftung erhält eine OHG aber auch einfacher Kredite als insbesondere eine GmbH.

1. Recherchiert im Internet (z. B. auf *www.wissen.de*) oder in einem Wirtschaftslexikon nach vertiefenden Informationen zu Rechtsformen.

Rechtliche Hinweise:
Die Rechtsformen von Unternehmen werden in spezielle Verzeichnisse (sogenannte Register), die von Amtsgerichten geführt werden, eingetragen. Mit dieser Eintragung werden die Rechtsform und die damit verbundenen Rechte und Pflichten für das Unternehmen rechtlich wirksam. Schülerfirmen geben sich selten „echte" Rechtsformen, weil sich die damit verbundenen Anforderungen (wie beispielsweise das Gründungskapital der GmbH) oftmals nicht realisieren lassen.
Die Wahl einer Rechtsform soll eher dazu dienen, um in eurer Schülerfirma die Leitung, Mitbestimmung und Kapitalbeschaffung grundsätzlich zu regeln. Wenn auf die offizielle Eintragung verzichtet wird, kann beispielsweise das Gründungskapital der GmbH deutlich reduziert werden. Eine solche „inoffizielle" Rechtsform darf aber nicht hinter den Firmennamen geschrieben werden (z. B. „Fruchtbar GmbH"), weil ansonsten die Schülerfirma wie ein „echtes" Unternehmen mit allen rechtlichen Konsequenzen in die Pflicht genommen werden kann.
Auch ist die Verwendung von abgewandelten Rechtsformen wie beispielsweise „Fruchtbar Schüler-GmbH" nicht zulässig.

1. Notiert, welche Rechtsform ihr eurem Unternehmen geben wollt, und begründet die Entscheidung.

Investoren und Kapitalgeber überzeugen

Auf den vorangegangenen Seiten habt ihr nach möglichen Finanzierungsquellen für eure Firma gesucht. Um potenzielle Investoren und Kapitalgeber nun von eurer Geschäftsstrategie zu überzeugen, müsst ihr eine umfassende **Präsentation eures Konzeptes** entwickeln. Überlegt, wie ihr euch den Kapitalgebern so präsentiert, dass diese euch ihr Geld zur Vermehrung anvertrauen. Welches sind die wichtigen Argumente, mit denen ihr überzeugen wollt? Eure Firmenpräsentation sollte folgende Punkte abdecken:

Zusammenfassung

Hier geht es um eine knappe zusammenfassende Darstellung eurer Unternehmens- und Geschäftsidee mit ihren Chancen und Risiken.
- Was ist die Idee?
- Was wird angeboten?
- Welche Marktchancen, welche Risiken birgt die Geschäftsidee?
- Welches Team steckt hinter dem Unternehmen?
- Wie sind eure unternehmerischen Visionen?

Das Produkt/die Dienstleistung
- Was ist die Produktidee?
- Welchen Nutzen hat das angebotene Produkt/die Dienstleistung?
- Wie grenzt sie sich von Mitbewerbern ab?
- Welche Entwicklungsmöglichkeiten seht ihr für euer Produkt/eure Dienstleistung?
- Was ist das Neue daran?

Branche/Markt
- Wie beurteilt ihr den Absatzmarkt für euer Produkt/eure Dienstleistung?
- Wo seht ihr weitere Marktchancen?
- Wie wollt ihr euch regional entwickeln?

Marketing/Vertrieb
- Welche Marketingmaßnahmen wollt ihr ergreifen (Produkt, Preis, Vertrieb und Kommunikation)?
- Wie wollt ihr euer Produkt bei Kunden und Investoren bekannt machen?

Unternehmensleitung
- Welche Qualifikation hat euer Vorstand?
- Welche Personalplanung habt ihr?
- Wie qualifiziert und motiviert ihr eure Mitarbeiter?

Jahresplanung und Kapitalbedarf
- Welche Rechtsform wurde gewählt?
- Wie wollt ihr eure Geschäftsidee finanzieren?
- Welche Kosten- und Absatzplanungen legt ihr eurer Geschäftstätigkeit zugrunde?
- Wie setzt sich eure Preiskalkulation zusammen?
- Ab wann können die Kapitalgeber mit Gewinnen rechnen?

1. Macht euch zur Präsentation eurer Geschäftsidee Notizen. Berücksichtigt dabei die oben gestellten Fragen.

Die Firma nach außen präsentieren

Nachdem ihr die wichtigsten Vorbereitungen getroffen habt, könnt ihr mit eurer Firma nach außen treten. Da sind zum einen mögliche Kapitalgeber, die ihr mit einer professionellen Firmenpräsentation überzeugen wollt, in euer Unternehmen zu investieren. Wenn ihr eure Präsentation erstellt, denkt auch schon weiter voraus. Für eure Schülerfirma wollt ihr im weiteren Verlauf des Geschäftsaufbaus sicher auch eine Homepage erstellen, vielleicht Pressemeldungen verschicken und in jedem Fall auch Geschäftsbriefe und -E-Mails versenden. All dies sollte einheitlich gestaltet werden, d. h. mit eurem Logo versehen sein, in der gleichen Schrift, Farbe und einem einheitlichen Design erscheinen. In diesem Zusammenhang wird auch von Corporate Identity gesprochen, d. h. die Identität des Unternehmens wird durch ein einheitliches Auftreten besser wahrgenommen.

Die Präsentation

Eine Firmenpräsentation lässt sich professionell, z. B. mithilfe einer PowerPoint-Präsentation, erstellen. Als Grundlage helfen euch die Notizen der vorangegangenen Aufgabe.

Ihr benötigt ein Design, das sich in allen Folien widerspiegelt. Das Programm stellt Designvorlagen zur Verfügung, die entsprechend angepasst werden können. Es können aber auch ganz neue Vorlagen entwickelt werden. Genau wie bei eurer Geschäftskorrespondenz (s. S. 31) solltet ihr bei den Folien auf ein einheitliches Firmenlayout achten.

Oftmals lassen sich die PowerPoint-Benutzer von den vielfältigen Gestaltungsmöglichkeiten zu verspielten Animationen verleiten. Darauf solltet ihr achten:

- Ihr seid bei der Präsentation die Hauptdarsteller, nicht die PowerPoint-Vorlage.
- Baut euer Firmenlogo in das Layout mit ein.
- Nutzt eine durchgängige Schriftart und geht sparsam mit Farben um – weniger ist oft mehr.
- Benutzt eine Schriftgröße, die man auch in der hintersten Ecke des Raumes noch lesen kann – bewährt hat sich 16pt als kleinste Schriftgröße.

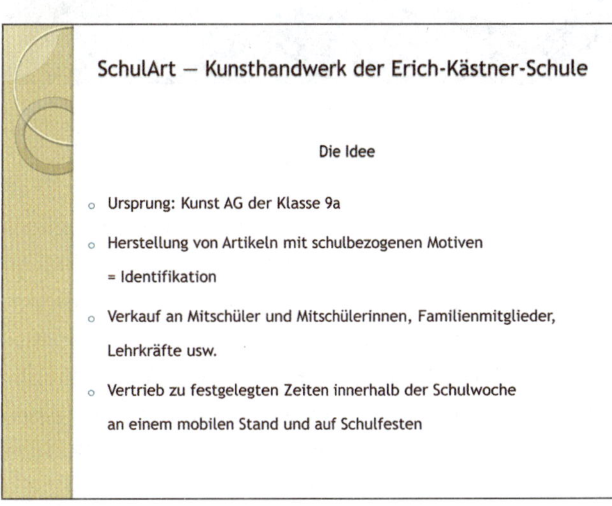

Beispielseiten einer Firmenpräsentation

- Formuliert kurze, prägnante Sätze, die ihr als Aufhänger während der Präsentation nutzen könnt.
- Überfrachtet die Folien nicht.
- Animationen sollten nur dort eingesetzt werden, wo sie notwendig sind. Wenn jeder Satz einzeln eingeblendet wird, nervt dies die Zuschauer. Zugleich erschwert es die Präsentation, weil an das ständige Einblenden gedacht werden muss.
- Achtet auf eine einheitliche Farbauswahl. Setzt die Farben so ein, dass die Lesbarkeit gewährleistet ist, also z. B. nicht schwarze Schrift auf dunkelblauem Grund.

Denkt daran: Eine Firmenpräsentation sollte seriös wirken.

1. Entwerft in kleinen Gruppen ein Design (Logo einbauen nicht vergessen!) für euer Erscheinungsbild nach außen. Stellt die Vorschläge im gesamten Team vor, diskutiert und entscheidet.

2. Erstellt eure Firmenpräsentation als PowerPoint-Vorlage.
Ihr könnt sie als Datei oder ausgedruckt in Papierform abgeben.

Erstellt eure Firmenhomepage

Eine Firma ohne eigene Homepage ist heutzutage fast undenkbar. Wer wird schon gern die Möglichkeit verschenken, sich mit seinen Produkten und Ideen möglichen Kunden, Investoren oder Arbeitnehmern 24 Stunden am Tag rund um den Globus zu präsentieren? Eine Website ist eine hervorragende Präsentationsmöglichkeit für euer Unternehmen, die euch einen stets aktuellen Informationskanal zu euren Zielgruppen bietet.

Um die wichtigen Informationen zu präsentieren, sollte die Homepage eures Unternehmens möglichst schnell und umfassend folgende Fragen beantworten:

- Wer präsentiert sich mit dieser Homepage?
- Wie ist die Firmenphilosophie?
- Wer verbirgt sich hinter dem Unternehmen? Wer ist der Vorstand?
- Welche Produkte oder Dienstleistungen werden präsentiert?
- Was habe ich von diesen Produkten oder Dienstleistungen?
- Wie sind die Preise für diese Produkte oder Dienstleistungen?
- Wo kann ich die Produkte oder Dienstleistungen beziehen?
- Wie kann ich Kontakt aufnehmen? Wer sind meine Ansprechpartner?

Die verschiedenen Seiten eurer Homepage sollten eine klare Struktur haben, z. B.

- Homepage – Startseite
- Unternehmenspräsentation – Wir über uns
- Produktinformationen/Dienstleistungsinformationen
- Team
- Kontakt

Hier noch einige hilfreiche Links für den Internetauftritt:

- *http://selfhtml.org:* Einführung in die HTML-Sprache zur Erstellung von Webseiten
- *www.bluegriffon.org* oder *www.phase5.info:* kostenlose und einfach zu bedienende HTML-Editoren

1. Notiert hier die Struktur, die ihr eurer Homepage geben wollt.

____

____

____

____

____

____

2. Überlegt euch die grafische Gestaltung der einzelnen Internetseiten und skizziert sie auf Papier.

3. Habt ihr ein Teammitglied mit HTML-Kenntnissen? Dann könnt ihr Struktur und grafische Gestaltung am Computer umsetzen und euch eine „echte" Homepage erstellen.

Geschäftsbriefe

Das Deutsche Institut für Normierung (DIN) hat in der *DIN 5008* Vorgaben für das Verfassen der Geschäftskorrespondenz festgelegt. Diese sind zwar rechtlich nicht verbindlich, erleichtern es aber, Geschäftsbriefe und -E-Mails zweckmäßig und übersichtlich zu gestalten. Die Empfänger der Briefe können den Inhalt so schneller erfassen und müssen nicht lange nach wichtigen Informationen wie Telefonnummern, Anschrift, Bankverbindung oder Ähnlichem suchen.

SCHÜLERFIRMA *SchulArt*

SchulArt • Erich-Kästner-Schule • Schulstr. 1 • 67890 Schulstadt

Bürobedarf GmbH
Herrn Erich Meier
Beispielstr. 555
12345 Fantasiestadt

Ihr Zeichen: Em-Ka
Ihre Nachricht vom: 05.02.2011
Unser Zeichen: mm-09

Telefon: 040/1234-56
Telefax: 040/1234-99
E-Mail: max.musterschüler@schule.com

Datum: 15.02.2011

Bestellung vom 01.02.2011
Kundennummer: 87654

Sehr geehrter Herr Meier,

in Ihrem Schreiben vom 05.02.2011 haben Sie uns die Bestellung von 6 Heftordnern sowie 10 Notizblöcken bestätigt und uns hierauf einen Rabatt von 10 % gewährt.

Die Ware ist gestern bei uns angekommen. Auf der beiliegenden Rechnung ist allerdings der volle Preis für die bestellten Artikel angegeben.

Wir bitten Sie, dies zu korrigieren und uns eine neue Rechnung zu schicken.

Mit freundlichen Grüßen

Max Musterschüler

Amtsgericht Fantasiestadt
UST-ID:123 456 789

Geschäftsführer:
Max Mustermann

Postanschrift:
Schulstr. 1
67890 Schulstadt

Sparkasse Schulstadt
BLZ: 654 321 00
Konto-Nr. 567890

Achtet bei eurer Geschäftskorrespondenz auf Sorgfalt und lest Briefe und E-Mails noch einmal Korrektur, bevor ihr sie rausschickt. Dies gilt besonders für E-Mails, die schnell mit einem Klick versendet sind. Hier gilt es, die gleiche Genauigkeit an den Tag zu legen wie bei Geschäftsbriefen.

Auch in eine E-Mail gehören eine Betreffzeile, eine förmliche Anrede („Sehr geehrter Herr …"/„Sehr geehrte Frau …") sowie eine vollständige Schlussformel. Auf das modern erscheinende „MfG" solltet ihr unbedingt verzichten – auch in einer E-Mail heißt es: „Mit freundlichen Grüßen". Verseht eure E-Mails mit einer automatischen Signatur, in der der Empfänger euren Namen sowie Firmennamen, -adresse und -telefonnummer mit einem Blick erkennen kann.

Wichtig ist, bei Geschäftsbriefen und -E-Mails auch wieder auf ein einheitliches Firmenlayout zu achten, das mit eurer Homepage, Pressemeldungen (s. u.) und PowerPoint-Präsentation übereinstimmt.

Pressemeldung

Tue Gutes und sprich darüber …
Ihr müsst nun dafür sorgen, dass die Welt von eurer Geschäftsidee erfährt. Schreibt eine Pressemitteilung, in der ihr eure Geschäftsidee und eure Firma der Öffentlichkeit präsentiert.

Denkt an **KISS – Keep it short and simple**. Zu Deutsch: In der Kürze liegt die Würze.

Wenn ihr alles gesagt habt, was euch wichtig war, hört auf. Dehnt den Text nicht unnötig aus.

Tipps zum Verfassen einer Pressemitteilung:

- Formuliert eine knackige Überschrift, die auf den weiteren Text neugierig macht.
- Formuliert einen kurzen Vorspann, in dem ihr auf die für den Leser wichtigen W-Fragen antwortet: Wer präsentiert? Was wird präsentiert? Was habe ich als Leser davon? Was ist neu oder anders? Warum sollte ich das kaufen? Wo oder bei wem kann ich es erhalten? Was kostet es mich?
- Formuliert einen Haupttext, in dem ihr das Produkt, eure Firma und vielleicht auch eure Firmenphilosophie oder eure Visionen beschreibt. Der Text muss sachlich und informativ sein – schreibt keinen Werbetext.

1. Informiert euch im aktuellen Rechtschreibduden über die korrekte Gestaltung von Geschäftsbriefen und geschäftlichen E-Mails. Erstellt einen Musterbrief, der euch als Vorlage für zukünftige Korrespondenz dient.

2. Sucht im Internet nach Pressemeldungen. Die meisten Firmen haben unter dem Stichwort „Presse" eigene Meldungen auf ihre Internetseite gestellt. Analysiert den Aufbau der Meldungen.

3. Verfasst eine Pressemeldung. Der Text sollte nicht länger als eine DIN-A4-Seite sein (ca. 250 Wörter).

Die Rolle der Werbung

Wer Waren herstellt oder Dienstleistungen anbietet, will sie auch verkaufen. Aber woher sollen die Verbraucher wissen, welche Waren oder Dienstleistungen sie wo erhalten? Werbung ist deshalb zunächst ein Mittel, um:

- Produkte und Dienstleistungen beim Verbraucher bekannt zu machen,
- über sie zu informieren,
- das Bedürfnis für sie zu wecken,
- ein positives Image aufzubauen und
- den Verbraucher zum Kauf anzuregen.

Information oder Manipulation?

Welche Informationen der Werbung sind für den Verbraucher tatsächlich eine Hilfe? Für den Verbraucher ist Werbung vor allem dann nützlich, wenn er mithilfe der Informationen Vergleiche mit anderen Produkten anstellen kann – über Preis, Menge oder Qualität. Solche informierende Werbung findet ihr vor allem in Tageszeitungen, auf Handzetteln der Supermärkte und auf Plakaten.

Im Fernsehen, Radio und in Zeitschriften dagegen überwiegt Werbung, die das Gefühl des Verbrauchers anspricht und ihn zum Kauf zu überreden versucht. Genaue Aussagen über das Produkt werden hier kaum gemacht.

Die Schokoladenseite

Werbung stellt immer die „Schokoladenseite" des Produkts dar, seinen Nutzen und seine Vorteile, aber nicht seine Schwachstellen. Das gelingt umso besser, wenn die Werbung neben den sachlichen Informationen auch Gefühle, Wertschätzungen und Einstellungen des Konsumenten anspricht und zu beeinflussen versucht.
Den **Wirkungsablauf von Werbung** beschreibt man mit der sogenannten **AIDA**-Formel:
A = attention = Aufmerksamkeit erregen
I = Interest = Interesse auf das Produkt lenken
D = desire of possession = Besitzwunsch anregen
A = action = zum Handeln/Kaufen bringen

1. Wählt ein Produkt oder eine Dienstleistung der Konkurrenz aus und analysiert die Werbung für dieses Produkt/diese Dienstleistung. Mit welchen Mitteln wird das AIDA-Prinzip umgesetzt?

Werbemittel			
Mediale Mittel			Nichtmediale (Personale) Mittel
Printwerbung	**Elektronische Medien**	**Sonstige Werbemittel**	
Logo Werbeplakat Werbeprospekt Verpackung Warenkatalog Markenzeichen	Werbefilm Radiospot Homepage Fernsehclip Banner im Internet Leuchtschrift	Werbegeschenk Warenprobe Sonderangebote Sponsoring Warenauslage im Schaufenster Messestand	Verkaufsgespräch Telefonwerbung Werbevortrag Werbevorführung (Modenschau)

Euer Werbekonzept

Die Werbung hat auch für euch eine wichtige Bedeutung, da durch sie eure Schülerfirma in der Schule und außerhalb bekannt gemacht wird. Ihr solltet bei der Erstellung eines Werbekonzeptes folgende Dinge beachten:

- Für welche Zielgruppe gestaltet ihr eure Werbung?
- Welches Werbemittel (Plakat, Anzeige) wählt ihr?
- Habt ihr einen Werbespruch/Slogan?
- Welche Informationen enthält eure Werbung? Stellen sie für den Verbraucher eine Hilfe dar?
- Wendet sich eure Werbung nur oder hauptsächlich an Gefühle?
- Besteht die Werbung überwiegend aus Text oder Bildern?
- Wie versucht eure Werbung, Aufmerksamkeit zu erzeugen?
- Beachtet ein einheitliches Erscheinungsbild.

1. Beschreibt, wie ihr euer Produkt bewerben wollt.

Wie wird die Arbeit in der Schülerfirma organisiert?
Damit ihr die vielfältigen Aufgaben in eurer Schülerfirma zufriedenstellend erledigen könnt, müsst ihr eine gut durchdachte **Ablauforganisation** entwickeln: Sie regelt, wie die Mitarbeiter und Abteilungen zur Abwicklung der Geschäftsprozesse zusammenarbeiten.

Eine gute Ablauforganisation benötigt allerdings auch eine gute **Aufbauorganisation**: Diese legt fest, wer, wo und mit welchen Mitteln etwas tun soll.

B Frau Barning und Frau Siegel arbeiten als Verkäuferinnen in einer kürzlich neu eröffneten Boutique. Folgende Situationen ereignen sich in den ersten Wochen nach der Geschäftseröffnung:

1. Die Verkäuferin Frau Siegel muss mehrmals kaufwillige Kundinnen wegschicken, da von einer beliebten Pulloversorte die häufig nachgefragten Größen 38 bis 42 nicht am Lager vorhanden sind.
2. Frau Siegel ruft in Abwesenheit ihrer Kollegin Frau Barning den Lieferanten an und bestellt 30 Pullover der fehlenden Sorte.
3. Über diese nicht mit ihr abgestimmte Aktion ist Frau Barning verärgert. Sie sucht und findet in ihrem Schreibtisch den Lieferschein, aus dem hervorgeht, dass die fehlenden Größen eigentlich vorhanden sein müssten. Im Lagerraum entdeckt sie einen größeren Karton mit den fehlenden Pullovern.
4. Frau Siegel hat Streit mit Frau Barning und behauptet, nur sie habe Zugang zur Kasse. Frau Barning weiß davon nichts. Eine anwesende Kundin ist peinlich berührt.
5. Frau Barning bemängelt, dass sich Frau Siegel beim Verkauf teurer Kleider einmische. Frau Siegel wendet ein, dass sie sich aufgrund ihrer früheren Tätigkeit gerade für den erfolgreichen Verkauf hochwertiger Produkte verantwortlich fühle.

1. Benennt die in diesem Beispiel aufgetretenen Probleme in der bisherigen Aufbau- und Ablauforganisation.

____

____

____

____

____

2. Wie könnten diese Probleme verhindert werden? Schreibt die erforderlichen Regelungen auf.

____

____

____

____

____

Abteilungen bilden und Aufgaben benennen
Ein Unternehmen braucht eine klare Struktur. Dazu muss zunächst einmal festgelegt werden, aus welchen **Abteilungen** die Schülerfirma besteht. Die **Aufgaben** der Abteilungen müssen genau definiert werden, ebenso wie die **Zusammenarbeit** der verschiedenen Abteilungen.

Die Abteilungen werden mit Mitarbeitern besetzt. So wird festgelegt, wer für die einzelnen Aufgaben die Verantwortung trägt oder Weisungen erteilen darf.

Überlegt, in welche Bereiche ihr euer Unternehmen unterteilen wollt – z. B. Finanzen, Forschung und Entwicklung, Marketing, Vertrieb, Produktion, Support etc. Die grafische Darstellung der Abteilungen in Verbindung mit den Weisungsstrukturen bezeichnet man auch als **Organigramm**.

1. Benennt alle wichtigen Aufgaben eurer Schülerfirma und bildet Abteilungen. Notiert dazu in mehreren Gruppen zunächst wichtige Aufgaben (ohne Abteilungszugehörigkeit) auf Karten.

2. Findet euch wieder zusammen und heftet die Karten mit den Aufgaben an eine Pinnwand. Entfernt Doppelnennungen und gruppiert die Karten nach möglichen Abteilungen. Überlegt, ob ihr alle Abteilungsaufgaben genannt habt und ergänzt fehlende Aufgaben.

3. Weist den einzelnen Bereichen verantwortliche Mitarbeiter eures Teams als Leiter des Bereiches zu und zeichnet hier ein Organigramm eurer Firma.

Aufgabenbeschreibung

Nachdem ihr die Abteilungen gebildet habt, müsst ihr deren Aufgaben genau festhalten. Damit die Abteilungsmitglieder wissen, was zu tun ist, hat es sich bewährt, Abteilungsbeschreibungen zu entwickeln. Ebenso müsst ihr darüber nachdenken und festhalten, welche Aufgaben in enger Abstimmung mit anderen Abteilungen zu erledigen sind. Erfahrungsgemäß müssen die Abteilungsbeschreibungen, wenn die ersten Aufträge bearbeitet worden sind, noch einmal überarbeitet werden.

Beispiel:

Abteilungsbeschreibung: Verkauf	
1. Abteilungsmitglieder	– Kai Meyer – …
2. Ziele und Aufgaben	– Kundenkontakte pflegen – …
3. Prozesse, die in intensiver Kooperation mit anderen Abteilungen durchzuführen sind	– Buchhaltung: Überprüfen der Zahlungseingänge, -ausgänge – …

1. Bildet mehrere Gruppen. Entwickelt jeweils eine Abteilungsbeschreibung und haltet sie in der Tabelle fest.
2. Besprecht die Aufgabenfestlegungen gemeinsam mit allen Teammitgliedern und ändert sie ggf. noch einmal ab.

Abteilungsbeschreibung:	
1. Abteilungsmitglieder	
2. Ziele und Aufgaben	
3. Prozesse, die in intensiver Kooperation mit anderen Abteilungen durchzuführen sind	

To-Do-Listen

Im Tagesgeschäft gilt es sicherzustellen, dass die Abteilungen die übertragenen Aufgaben fristgerecht erledigen. Hier helfen euch Checklisten oder „To-Do-Listen", die, je nach Umfang, in den einzelnen Abteilungen oder für die gesamte Schülerfirma geführt werden. Die Listen sollten regelmäßig gepflegt und die aktuelle Fassung gut sichtbar aufgehängt werden.

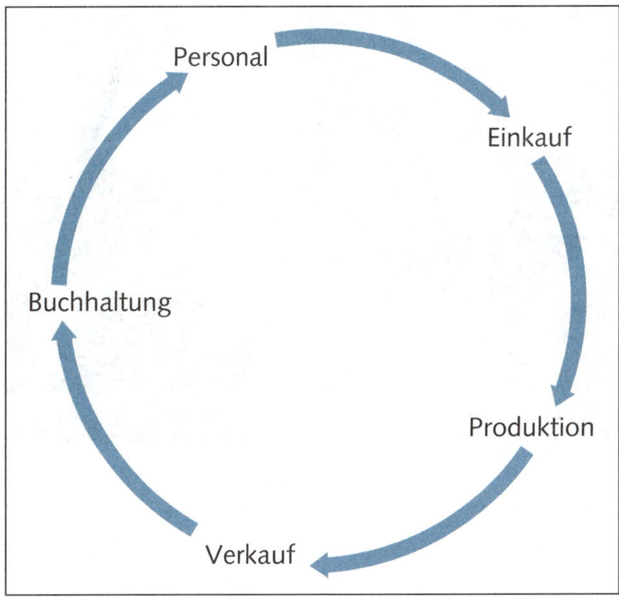

Die Checklisten sorgen nicht nur für einen organisierten und erfolgreichen Ablauf innerhalb eurer Firma. Sie dienen auch zur Vorbereitung der Mitarbeiterbesprechungen und stellen einen reibungslosen Abteilungswechsel sicher.

Abteilungswechsel

Im Zeitverlauf solltet ihr alle Abteilungen einmal durchlaufen. Nur so könnt ihr alle Bereiche eurer Schülerfirma kennenlernen und erfahren, welche Aufgaben euch mehr oder weniger liegen.

Damit der Abteilungswechsel nicht ins Chaos führt, sollte der Wechsel gut geplant werden.

- Die neuen Mitglieder sollten mithilfe der Abteilungsbeschreibungen in die Aufgaben der Abteilung eingeführt werden.
- In die laufenden Arbeiten sollten sie mittels der To-Do-Listen eingeführt werden.
- Es sollten nicht alle Mitarbeiterinnen und Mitarbeiter auf einmal wechseln, sondern nur die halbe Abteilung. So können die verbliebenen Mitglieder die neuen einarbeiten.
- Notiert euch nach jedem Wechsel eure persönlichen Erfahrungen aus jeder Abteilung. Was habt ihr besonders gern gemacht, was nicht? Wo habt ihr persönliche Stärken oder Schwächen entdeckt?

1. Erstellt To-Do-Listen für die Abteilungen. Denkt daran, sie fortlaufend zu aktualisieren.

To-Do-Liste				
Abteilung:		**Datum:**		
Anliegende Arbeit	**Beschreibung**	**Endtermin**	**Status/Probleme**	**Verantwortlich**

Gestaltung von Mitarbeiterkonferenzen

Mitarbeiterkonferenzen sind ein wichtiges Instrument zur Information der Mitarbeiter und Koordination der Arbeiten. Sie sollten deshalb regelmäßig durchgeführt werden.

Damit Mitarbeiterkonferenzen erfolgreich verlaufen, müssen sie schon im Vorfeld gut geplant werden. Der Termin sollte mit einigen Tagen Vorlauf vereinbart werden. In diesem Zusammenhang wird auch geklärt, welche Schüler die Moderation übernehmen. Sie erstellen eine Tagesordnung (= Agenda). Alle Abteilungen müssen den Moderatoren ihre Punkte rechtzeitig vor dem Termin mitteilen, damit die Sitzung inhaltlich sinnvoll strukturiert werden kann.

Tipps zur Durchführung:

- Die Moderatoren stellen zu Beginn die Agenda der Konferenz vor. In dringenden Fällen können weitere Punkte aufgenommen werden. Die Agenda sollte permanent sichtbar sein (z. B. per Beamer oder Whiteboard), damit sich die Konferenzteilnehmer nicht an einzelnen Punkten „festbeißen".
- Ein Protokollführer wird bestimmt (kann z. B. alphabetisch rotieren); der Protokollführer der letzten Konferenz verliest das Protokoll.
- Danach berichten die Gruppen aus ihren Abteilungen. Hierfür sollten die To-Do-Listen herangezogen werden.
- Die Berichte der Gruppen können mit den Tagesordnungspunkten verzahnt werden.
- Die Konferenz sollte zielgerichtet gestaltet werden: keine unverbindlichen Absichtserklärungen, sondern konkrete Aktivitäten mit Verantwortlichen festlegen und in die To-Do-Listen aufnehmen lassen.
- Zum Ende der Konferenz sollte resümiert werden: Welche Punkte konnten nicht abschließend geklärt werden? Sie gehören auf die Agenda der nächsten Konferenz.
- Das Protokoll sollte spätestens eine Woche nach der Konferenz an alle Mitarbeiter verschickt werden. Die Protokolle werden abgeheftet.

1. Wie könnte die Agenda für eure nächste Mitarbeiterkonferenz aussehen?

Datenablage und Datensicherung

Ein effektives Ablagesystem ist nicht nur für einen reibungslosen Ablauf der Prozesse notwendig, sondern wird im Hinblick auf die Buchführung realer Unternehmen vom Gesetzgeber vorgeschrieben. Grundsätzlich gilt: Jeder befugte Mitarbeiter muss in der Lage sein, schnell auf alle Dokumente zuzugreifen. Möglichst wenige Dokumente sollten in der „persönlichen Ablage" landen.

Vielleicht habt ihr in eurer Schule die Möglichkeit, einen abschließbaren (!) Raum als Büroraum für eure Schülerfirma zu nutzen. Hier sollten alle Papiere und Dokumente, die eure Schülerfirma betreffen, aufbewahrt werden. Die Firmenmitglieder sollten jederzeit Zugang haben und daran arbeiten können. Vermeidet es, einzelne Ordner mit nach Hause zu nehmen oder wichtige Geschäftsbriefe in der eigenen Tasche verschwinden zu lassen.

Wichtig ist in diesem Zusammenhang auch eine strukturierte Ablage, in der sich jedes Firmenmitglied schnell und ohne langes Suchen zurechtfindet. Dies betrifft sowohl Papierdokumente als auch Dateien. Legt sinnvolle Ordner und Unterordner an und benennt sie so, dass jedem klar ist, was sich dahinter verbirgt. Die Funktion von Trennblättern im Papierordner übernehmen im Computer Unterverzeichnisse.

Im Hinblick auf die digitale Datenablage müsst ihr außerdem den Datenschutz und die Datensicherheit gewährleisten.

- Sichert euren Computer mit einem Passwort, das nur den befugten Firmenmitgliedern bekannt ist.
- Stellt sicher, dass nur die Mitarbeiter der Schülerfirma Zugriff auf die Dateien haben.
- Die Verwendung von MP3-Playern und USB-Sticks zur Datensicherung durch Schüler sollte wegen der Gefahr von Viren u. Ä. auf ein Minimum reduziert werden.
- Achtet auf einen ausreichenden Virenschutz eures Computers. Der Virenscanner sollte mindestens einmal pro Woche aktualisiert werden.
- Sichert eure Daten mindestens einmal wöchentlich auf einem externen Datenlaufwerk, das von der Lehrkraft aufbewahrt wird.

1. Beschreibt den Aufbau eures Ablagesystems für Papierdokumente und digitale Dokumente.

____

____

____

____

____

2. Welche Maßnahmen ergreift ihr zum Datenschutz und zur Datensicherung?

____

____

____

____

____

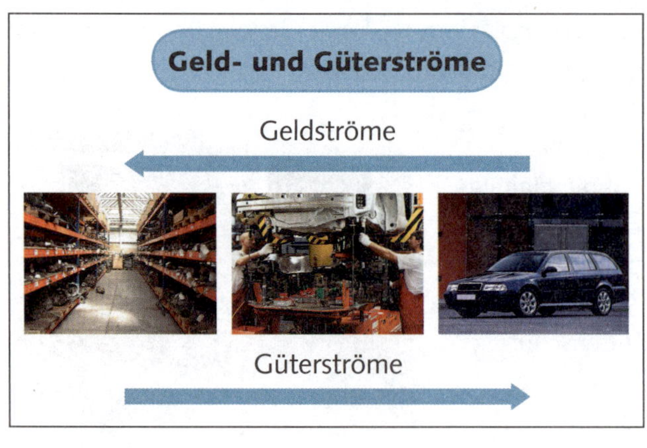

Beschaffung, **Produktion** und **Absatz** sind die drei wesentlichen Grundaufgaben eines Unternehmens. Diesbezüglich wird zwischen Geld- und Güterströmen unterschieden.
Güterströme: Die Rohstoffe werden in der Produktion zu neuen Produkten veredelt, die auf dem Absatzmarkt abgesetzt werden.
Geldströme: Durch den Verkauf der Produkte wird das Geld eingenommen, das zur Bezahlung der Rohstoffe und der Produktionskosten notwendig ist.

Die Organisation der Produktion und des Verkaufs kann sich je nach Geschäftsmodell sehr unterschiedlich darstellen. Die Produktion und der Verkauf sind in einer Holzwerkstatt, die für den Weihnachtsmarkt produziert, anders zu gestalten als in einer Werbeagentur, die im Kundenauftrag arbeitet. Das hier verwendete Beispiel der Produktion eines (Einzel-)Produkts kann deshalb nicht einfach auf die eigene Schülerfirma übertragen, sondern muss angepasst werden.

Habt ihr euch in eurem Unternehmen für den Verkauf eines Produkts entschieden, sind bei Beschaffung, Produktion und Absatz der Waren verschiedene Aspekte zu bedenken.

Zunächst müsst ihr klären, aus welchen Materialien euer Produkt besteht und wo ihr sie am günstigsten beschaffen könnt. Hier hilft euch eine technische Zeichnung. Aus der Konstruktionszeichnung sollten die benötigten Einzelteile sowie deren Maße ersichtlich sein. Die Zeichnung ist zugleich die Grundlage für die Stückliste der Materialien, die beschafft werden müssen.

1. Erstellt eine präzise Zeichnung eures Produkts. Tragt alle Maße in die Zeichnung ein. Gegebenenfalls müsst ihr zusätzlich eine Ansicht von der Seite und von oben hinzufügen.

Beschaffung und Preiskalkulation

Um euer Produkt nach dieser Zeichnung zu bauen, benötigt ihr Material. Dies wird in eine Stückliste eingetragen. Sie beinhaltet alle für die Produktion des Produktes benötigten Rohstoffe (z. B. Holz), aber auch Hilfs- und Betriebsstoffe (also z. B. Schrauben, Leim, Farbe usw.).

Um Kosten zu sparen, werden die Preise für alle Materialien bei unterschiedlichen Einkaufsquellen angefragt und verglichen. Erfragt und verhandelt auch die Konditionen (z. B. Rabatte, Frei-Haus-Lieferung usw.) und vergleicht diese. Hierfür ist es hilfreich, dass ihr genau angeben könnt, welche Menge ihr von einem bestimmten Artikel benötigt. So lassen sich z. B. Mengenrabatte verhandeln. Mithilfe dieser Informationen könnt ihr den Preis für euer Produkt kalkulieren.

Die Preiskalkulation aus der Firmengründung (s. S. 16 bis 23) müsst ihr anschließend vermutlich noch mal aktualisieren.

Lagerung

Bevor ihr eure Roh- und Betriebsstoffe einkauft, müsst ihr euch Gedanken über die Lagerung machen.

- Wo werden die Materialien gelagert?
- Müsst ihr eventuelle Besonderheiten der Lagerware berücksichtigen (brennbare Stoffe, temperatur-/feuchtigkeitsempfindlich)?
- Wer hat Zugang zu den Materialien?

1. Erstellt eine Stückliste der benötigten Materialien (Anzahl/Material und Maße).

2. Macht eine Preisanfrage bei möglichen Lieferanten. Denkt auch daran, mögliche Konditionen zu verhandeln. Tragt die Ergebnisse in eine Tabelle ein und vergleicht.

3. Tragt Menge, Material und Preis in eine Tabelle ein und errechnet den Gesamtpreis.

Kalkulation der Materialkosten

Menge	Material	Einzelpreis	Gesamtpreis

4. Überlegt: Wo könnt ihr eure Produktionsmaterialien und die fertigen Produkte lagern? Welche Punkte müsst ihr bedenken?

Produktion

Könnt ihr für die Produktion die Räumlichkeiten eurer Schule nutzen? Dann müsst ihr euch um die notwendigen Sicherheitsvorkehrungen kümmern (Fluchtwege, Feuerlöscher, Notfall-Telefonnummern aushängen etc.). Außerdem solltet ihr klären, zu welchen Zeiten und wie ihr Zugang zu den Räumlichkeiten erhaltet.
Überlegt, ob ihr aufwendige Schritte der Produktion an einen Wirtschaftspaten auslagern wollt. Euer Wirtschaftspate kann euch vielleicht auch mit speziellen Werkzeugen aushelfen und/oder euch im Umgang damit schulen.

Die Arbeitsschritte zur Herstellung eures Produktes solltet ihr sorgfältig planen. Welche einzelnen Arbeitsschritte sind notwendig? Dann wird die Reihenfolge der Schritte festgelegt und anschließend auf die Teammitglieder verteilt. Die ausgeführten Tätigkeiten werden mit Datum und Unterschrift in eine Tabelle eingetragen.

Kontrolle des Produktes

Nach der Herstellung muss das Produkt auf Mängel geprüft werden, z. B.:
- Ist das Holz verletzungsfrei?
- Sind die Maße korrekt?
- Ist das Produkt stabil?
- Entspricht es den Erwartungen der Kunden?
- Sonstiges

Jeder Schritt vom Einkauf über den Produktionsablauf bis zur Kontrolle des Produktes sollte detailliert dokumentiert werden. Haltet auch Schwierigkeiten und Fehler, die aufgetreten sind, fest. So könnt ihr die Ursache analysieren und sie bis zum nächsten Mal beheben.

Verkauf und Bezahlung

Nach der Produktion und Qualitätskontrolle kann das Produkt dem Kunden übergeben werden. Wenn der Kunde bar bezahlt (und das ist in Schülerfirmen meist der Fall), erübrigt sich die Ausstellung einer Rechnung; es reicht dann eine Quittung.
Das Original geht an den Kunden, die Kopie bleibt im Unternehmen und geht an die Buchhaltung.

1. Notiert auf Karteikarten die notwendigen Arbeitsschritte und bringt sie in eine sinnvolle Reihenfolge. Legt fest: Welches Teammitglied übernimmt welche Aufgabe?

2. Haltet die ausgeführten Tätigkeiten mithilfe eines Arbeitsnachweises fest.

Arbeitsnachweis

Datum	Tätigkeiten	in Arbeit (Datum/Teammitglied)	erledigt (Datum/Teammitglied)	Unterschrift Teamleiter

Den Prozess visualisieren

Wenn ihr alle Produktionsschritte das erste Mal durchlaufen habt, empfiehlt es sich, den Ablauf zu visualisieren. Stellt den Prozess von der Kundenanfrage bis zum Zahlungseingang grafisch dar.
Dies könnt ihr beispielsweise mithilfe eines Flussdiagramms (s. rechts) tun. So gewährleistet ihr, dass die Aufträge mit einer gleichbleibenden Qualität und von verschiedenen Mitarbeitern eurer Schülerfirma abgearbeitet werden können.

Das Flussdiagramm ist ein geeignetes Instrument, um Arbeits- und Geschäftsabläufe darzustellen und zu analysieren.

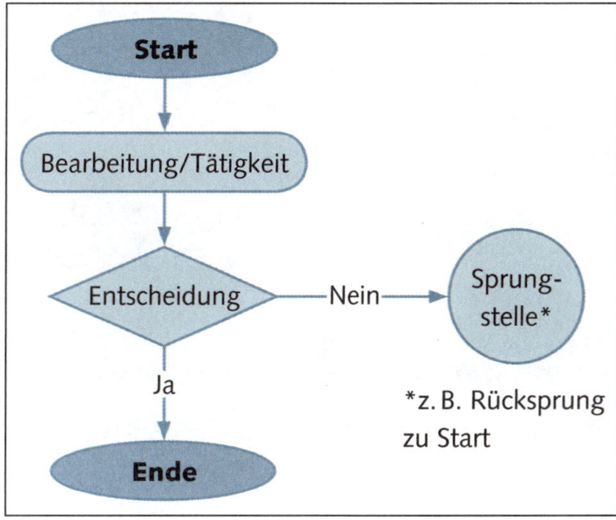

1. Stellt den Prozess der Auftragsabwicklung in eurer Schülerfirma inklusive der Produktion der Waren anschaulich dar.

Flussdiagramm der Auftragsabwicklung in eurer Schülerfirma:

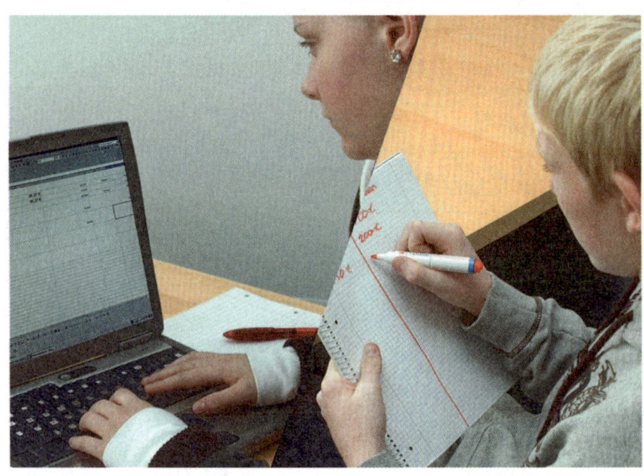

Buchführung bringt Ordnung in die Finanzen
Mit der Tätigkeit in einer Schülerfirma sind umfangreiche finanzielle Vorgänge verbunden. Eine sorgfältige Planung und Kontrolle dieser finanziellen Vorgänge ist für jedes Unternehmen lebenswichtig – auch für eine Schülerfirma. Diese Aufgaben werden von der Buchhaltung erledigt.

Die Fragen, mit denen sich die Buchhaltung innerhalb der Schülerfirma u. a. zu beschäftigen hat, lauten:
- Wie werden Ausgaben und Einnahmen erfasst?
- Wie lässt sich der Gewinn und Verlust der Schülerfirma berechnen?
- Wie wird das Belegwesen organisiert (Quittierung von Bargeldentnahme, Erfassung getätigter Einkäufe etc.)?
- Wie wird in Zusammenarbeit mit anderen Abteilungen z. B. über Neuanschaffungen entschieden?

Im Jahr 1673 führte Frankreich unter Ludwig XIV. als erster Staat die **Buchführungspflicht** für Unternehmen ein. Unter Buchführung versteht man die in Geldwerten vorgenommene, systematische Aufzeichnung aller Geschäftsvorgänge in einem Unternehmen.

Jedes Unternehmen ist dazu verpflichtet, Aufzeichnungen über seine finanziellen Vorgänge zu führen. Dies dient dazu, sich selbst, seinen Geschäftspartnern oder Behörden (z. B. Finanzamt) jederzeit Auskunft über seine wirtschaftliche Lage geben zu können.
Kleinst-Gewerbetreibende – und dazu zählen auch Schülerfirmen – benötigen keine aufwendige kaufmännische Buchführung (die sogenannte „doppelte Buchführung"), sondern lediglich eine **Einnahmenüberschussrechnung**.

Aber auch im Rahmen der Einnahmenüberschussrechnung sind die finanziellen Vorgänge schriftlich zu dokumentieren. Zur Orientierung lassen sich zwei Grundprinzipien ordnungsgemäßer Buchführung herausarbeiten: „Wahrheit" und „Klarheit".
- **Wahrheit** in der Buchführung bedeutet, dass alles so gebucht wird, wie es wirklich vorgefallen ist.
- **Klarheit** bedeutet, dass alles übersichtlich, eindeutig lesbar, nachvollziehbar und geschützt vor Fälschungen sein muss.

Nachfolgend wird dargestellt, wie die Buchführung in einer Schülerfirma im Sinne einer Einnahmenüberschussrechnung gestaltet werden kann.

1. Wer ist in eurem Team für die Buchführung verantwortlich? Welches Firmenmitglied beschäftigt sich gerne mit Zahlen und ist gut in Mathematik?

____

2. Wo könnt ihr euch Hilfe holen? Findet sich unter euren Eltern jemand, der beruflich mit Buchführung zu tun hat und bereit ist, euch Hilfestellung zu geben?

____

3. Recherchiert in der Bibliothek oder im Internet: Gibt es einfach formulierte Ratgeber, die euch bei der Buchführung weiterhelfen?

____

____

____

Ablage der Belege – Kassenbuch
Bei der Ablage müsst ihr unterscheiden zwischen Kassenbuch und Bankbuch. Das **Kassenbuch** dokumentiert eure Barkasse, also alle Zahlungsvorgänge, die mit Bargeld getätigt werden. Das **Bankbuch** dokumentiert alle Zahlungsvorgänge, die über das Bankkonto abgewickelt werden.

An erster Stelle ist es nötig, die Belege der Zahlungseingänge und -ausgänge in der richtigen Reihenfolge, nach Datum, abzuheften. Die Belege müssen fortlaufend nummeriert werden. Den Erhalt bzw. die Ausgabe des Geldes bestätigt der Kassenwart per Unterschrift. Die so dokumentierten **Geschäftsvorfälle** werden in das Kassenbuch übertragen.

Achtet darauf, dass die laufende Nummer der Belege im Kassenbuch mit der Nummer, die auf den Belegen vermerkt wurde, übereinstimmt.

Führen des Bankbuchs
Ein entsprechendes System existiert auch für das Bankbuch. Hier werden alle Vorgänge mit dem Hinweis auf die dazugehörige Kontoauszugsnummer erfasst.

Beispiel Kassenbuch

Normal | Seitenlayout | Benutzerdef. Ansichten | Ganzer Bildschirm | Gitternetzlinien | Überschriften | Statusleiste | Zoom | 100% | Zoommodus: Auswahl | Alle anordnen | Fenster fixieren
Arbeitsmappenansichten | Einblenden/Ausblenden | Zoom

C9

	A	B	C	D	E	F	G	H	I	J	K	L
1	Kassenbuch											
2	Schülerfirma											
3	Geschäftsjahr 2011											
4	Einnahmen und Ausgaben BARKASSE											
5												
6				Einnahmen aus			Ausgaben für					
7		Übernahme aus Vormonat										
8	lfd. Nr.	Datum	Buchungstext	Verkauf	Spenden	Gesamtsumme	Arbeitsmittel	Material	Diverses	Gesamtsumme	Kassenbestand	Kürzel
9	1											
10	2											
11	3											
12	4											
13					Summe:				Summe:			

Beispiel Bankbuch

Arbeitsmappenansichten | Einblenden/Ausblenden | Zoom

A15

	A	B	C	D	E	F	G	H	I	J	K	L	M	N
1	Bankbuch													
2	Schülerfirma													
3	Geschäftsjahr 2011													
4	Ein- und Auszahlungen BANKKONTO													
5														
6						Einnahmen aus			Ausgaben für					
7		Übernahme aus Vormonat												
8	lfd. Nr	Buchungstag	Rechn.datum	Kontoauszugsnr	Buchungstext	Verkauf	Spenden	Gesamtsumme	Material	Diverses	Gesamtsumme	Kontostand	Kürzel	
9	1													
10	2													
11	3													
12	4													
13							Summe:			Summe:				

1. Bereitet je eine Excel-Datei für das Kassenbuch und für das Bankbuch vor.
Tragt anschließend die Geschäftsvorfälle in die Tabelle ein.

Monatliche Abrechnung

Ein Unternehmen muss jederzeit liquide, flüssig, sein, d.h. die anfallenden Rechnungen bezahlen können. Um einen aktuellen Überblick über die finanzielle Situation des Unternehmens zu haben, sollte monatlich der Saldo der Kasse und des Bankkontos ermittelt werden.

Die Kassenbücher werden deshalb – genauso wie die Bankbücher – im folgenden Schritt zusammengefasst.

Jährliche Gewinnermittlung

Zum Jahresende erfolgt die Gewinnermittlung durch die Gegenüberstellung von Einnahmen und Ausgaben, die sogenannte **Einnahmenüberschussrechnung**. Hierfür werden die Einnahmen und Ausgaben beider Konten, Barkasse und Bankkonto, gemeinsam gelistet und gegenübergestellt. Die Gewinnermittlung erfasst alle Vorgänge des Geschäftsjahres und ermittelt den **Gesamtsaldo** beider Konten.

Beispiel monatliche Abrechnung

Normal | Seitenlayout | Umbruchvorschau | Benutzerdef. Ansichten | Ganzer Bildschirm — Arbeitsmappenansichten
Lineal | Bearbeitungsleiste | Gitternetzlinien | Überschriften | Statusleiste — Einblenden/Ausblenden
Zoom | 100% | Zoommodus: Auswahl — Zoom
Neues Fenster | Alle anordnen | Fenster fixieren

A27 fx

	A	B	C	D	E	F	G	H	I	J
1	**Kassenbuch**									
2	Schülerfirma									
3	Geschäftsjahr 2011									
4	Einnahmen und Ausgaben BARKASSE - monatliche Abrechnung									
5										
6	Kassenbestand zu Beginn des Geschäftsjahres									
7		**Einnahmen**	**Ausgaben**	**Saldo Monat**	**Saldo gesamt**					
8	September									
9	Oktober									
10	November									
11	Dezember									
12	Bestand am Ende des Geschäftsjahres									

Beispiel jährliche Gewinnermittlung

A5 fx

Namenfeld

	A	B	C	D	E	F	G	H
1	**Gewinnermittlung**							
2	Schülerfirma							
3	Geschäftsjahr 2011							
4	Gesamtübersicht Bankkonto und Barkasse							
5								
6		**Bankkonto**		**Barkasse**		**Salden**		
7		Einnahmen	Ausgaben	Einnahmen	Ausgaben	Saldo Bank	Saldo Kasse	Saldo Gesamt
8	Anfangsbestand							
9	September							
10	Oktober							
11	November							
12	Dezember							

1. Erweitert euer Kassenbuch und euer Bankbuch um die monatliche Abrechnung.

2. Führt euer Kassen- und Bankbuch in einer Excel-Tabelle zusammen zu einer jährlichen Gewinnermittlung.

In der Einnahmenüberschussrechnung werden nur die Zahlungseingänge und -ausgänge erfasst. Spätestens am Jahresende stellt sich aber auch die Frage, wie viele Produkte noch im Lager liegen, oder ob der reale Kassenbestand mit dem Saldo aus dem Kassenbuch übereinstimmt.

Die Bestandserfassung zum Jahresende nennt man **Inventur**, das Ergebnis **Inventar**. Das Inventar stellt das tabellarische Bestandsverzeichnis aller Vermögensteile und Schulden mit dem jeweiligen Wert dar.

Das Inventar ist zugleich die Grundlage für die Erstellung der Bilanz. In der **Bilanz** werden die **Kapitalverwendung** (Anlage- und Umlaufvermögen) und **Kapitalherkunft** (Fremdkapital und Eigenkapital) gegenübergestellt. Einfacher ausgedrückt:
- Auf der rechten Seite (Passiva) wird das Eigen- und Fremdkapital dargestellt.
- Links (Aktiva) steht das Anlagevermögen (z. B. Maschinen) und Umlaufvermögen (z. B. Warenbestände, Kasse und Bank), also das, was mit dem Eigen- und Fremdkapital angeschafft wurde.

Die Bestände der Inventur können einfach in eine Bilanz übertragen werden.
Die Bilanz ist stets ausgeglichen, d. h. die Summen der Aktiv- und Passivseite sind identisch. Über das Konto Eigenkapital gleich man die beiden Seiten aus. Der Vergleich mit der Vorjahresbilanz stellt den Bezug zur jährlichen Gewinnermittlung her: Bei Gewinnen ist das Eigenkapital gestiegen, bei Verlusten gesunken.

Falls ihr tiefer in den Thematik Buchführung einsteigen möchtet: *www.isb.bayern.de* → Suche: „Buchführung“ → Buchführung Jahrgangsstufe 9.

Inventur:
Bestandsaufnahme der Vermögensteile und Schulden sowie deren monetäre Bewertung

Inventar:
Tabellarische Aufstellung der Vermögensteile und ihre Werte zu einem bestimmten Zeitpunkt

Bilanz:
Gegenüberstellung des Unternehmensvermögens nach
Kapitalverwendung und **Kapitalherkunft**

Aktiva	**Bilanz**	Passiva
– Anlagevermögen, z. B. • Grundstücke • Gebäude • Maschinen • Fuhrpark • Geschäftsausstattung • Langfristige Kapitalanlagen	– Umlaufvermögen, z. B. • Vorräte • Forderungen gegenüber Kunden • Bankkonten • Kasse	– Eigenkapital, z. B. • Einlage der Gesellschafter • Gewinn (Jahresergebnis) – Fremdkapital, z. B. • Hypotheken auf Grundstücke • Darlehen – Verbindlichkeiten gegenüber Lieferanten

1. Erweitert die Excel-Tabelle um ein Arbeitsblatt für die Eröffnungs- und Schlussbilanz.
Erstellt anschließend zunächst die Eröffnungsbilanz und zum Ende des Geschäftsjahres die Schlussbilanz.

Reflexion des Geschäftserfolgs

Die Ergebnisse der Gewinnermittlung und der Schlussbilanz solltet ihr dazu nutzen, um die Arbeit eurer Schülerfirma zunächst intern auszuwerten. Geht dabei auf die folgenden Fragen ein:

- Wurden die im Gründungskonzept formulierten Ziele erreicht?
- Auf welche Ursachen sind die Zielabweichungen zurückzuführen?
- Welche Schwierigkeiten traten im Verlauf der Schülerfirmenarbeit auf?

Verwendung des Gewinns

Ihr habt viel Arbeit in eure Schülerfirma gesteckt und damit hoffentlich einen Gewinn erwirtschaftet. Für den Gewinn gibt es verschiedene Verwendungsmöglichkeiten:

- Investition in die Schülerfirma
- Ausschüttung an die Gesellschafter
- Prämien für die Mitarbeiter

Berücksichtigt, dass die Bezahlung von Schülern für Arbeiten innerhalb der Unterrichtszeit schulrechtliche Probleme aufwerfen und zu öffentlichen Diskussionen führen kann. Sinnvoller ist es deshalb, die Gewinnausschüttung für gemeinsame Unternehmungen mit der Klasse zu verwenden (z. B. Finanzierung einer Klassenfahrt).

Bilanzpressekonferenz

Sicher habt ihr in den vergangenen Wochen viel Hilfe von Lehrern, Kapitalgebern oder Wirtschaftsexperten erhalten. Deshalb könnt ihr euch überlegen, eine Bilanzpressekonferenz durchzuführen, zu der ihr eure Kapitalgeber und die „interessierte Öffentlichkeit“ (Eltern, Bekannte, regionale Presse) einladet. Über die Bilanzpressekonferenz könnt ihr auch eine Pressemeldung verfassen und sie anschließend auf eure Homepage stellen.

Legt dazu neben dem Termin auch wieder die Gestaltung der Präsentation fest (Inhalte, Präsentationsmedien, Referenten, Moderation) und welche Informationsmaterialien ausgehändigt werden sollen. Sinnvoll ist es, die Konferenz durch Informationsstände zu ergänzen, an denen sich die Interessenten zu den Aktivitäten und Produkten eurer Schülerfirma informieren können. Der Termin ist zudem eine ideale Gelegenheit, um eure Produkte zu verkaufen!

Übrigens: In vielen Regionen werden jährliche Schülerfirmenmessen durchgeführt. Die Teilnahme ist eine gute Möglichkeit, um die eigene Schülerfirma vorzustellen und den Verkauf weiter anzukurbeln.

1. Reflektiert in der Klasse den Geschäftserfolg eurer Schülerfirma.
Welche Probleme gab es während der Arbeit in eurer Schülerfirma? Was ist euch gut gelungen?

____

____

____

____

2. Überlegt, wie ihr euren Gewinn sinnvoll verwenden könnt.

____

____